U0868521

名句中国丛书·肆

历史文化

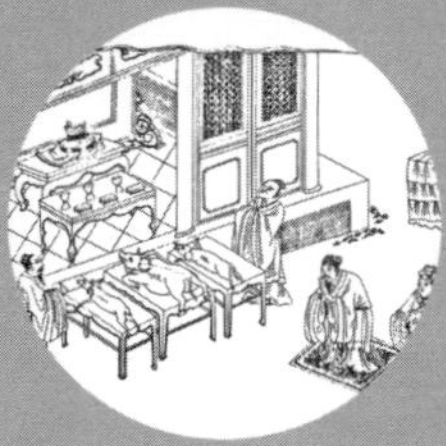

吴礼权 编著

暨南大學出版社
JINAN UNIVERSITY PRESS

中国·广州

图书在版编目（CIP）数据

历史文化／吴礼权编著．—广州：暨南大学出版社，2014.7
（名句中国丛书）
ISBN 978-7-5668-0680-2

Ⅰ．①历… Ⅱ．①吴… Ⅲ．①名句—汇编—中国 Ⅳ．①H136.3

中国版本图书馆 CIP 数据核字（2013）第 178167 号

出版发行：暨南大学出版社

地　址：中国广州暨南大学
电　话：总编室（8620）85221601
营销部（8620）85225284　85228291　85228292（邮购）
传　真：（8620）85221583（办公室）　85223774（营销部）
邮　编：510630
网　址：http：//www.jnupress.com　http：//press.jnu.edu.cn

排　版：广州良弓广告有限公司
印　刷：佛山市浩文彩色印刷有限公司

开　本：890mm×1240mm　1/32
印　张：6.875
字　数：190 千
版　次：2014 年 7 月第 1 版
印　次：2014 年 7 月第 1 次

定　价：16.50 元

（暨大版图书如有印装质量问题，请与出版社总编室联系调换）

前 言

吟安一个字，捻断数茎须。（唐·卢延让《苦吟》）

二句三年得，一吟双泪流。（唐·贾岛《题诗后》）

名句，特别是那些历久不衰、传诵不绝的经典名句，既是作者千锤百炼的思想成果，更是中华民族悠久文化的精华之浓缩，很是值得我们仔细玩味。因为我们可以从中汲取有益的精神营养，增加人生智慧，得到为人处世的人生启发，获取精神心灵的慰藉，由此开创我们健康、快乐、积极、向上的美好人生。

工欲善其事，必先利其器。（先秦《论语·卫灵公》）

道虽迩，不行不至；事虽小，不为不成。（先秦《荀子·修身》）

生于忧患，而死于安乐也。（先秦《孟子·告子下》）

大行不顾细谨，大礼不辞小让。（汉·司马迁《史记·项羽本纪》）

临渊羡鱼，不如退而结网。（汉·班固《汉书·董仲舒传》）

成大功者不小苛。（汉·刘向《说苑·政理》）

读一读这些充满哲理睿智的先贤名言，对我们今天如何为人处世，相信会启发多多、获益无穷的。

中国自古便有一句老话："人生不如意事常八九。"现实生活并不是诗词歌赋，更不会事事都充满诗情画意。因此，在现实生活中遭遇种种的人生挫折，那是"司空见惯浑闲事"。假如在人生的道路上遇到挫折，我们是否就此一蹶不振、意志消沉下去呢？

天行健，君子以自强不息。（先秦《周易·乾》）

长风破浪会有时，直挂云帆济沧海。（唐·李白《行路难》）

天生我材必有用，千金散尽还复来。（唐·李白《将进酒》）

读一读先贤的这些经典名言，相信我们定能由此振作起来，重新燃起希望之火，顿起奋发进取之志。

有奋发进取的国民，才会有奋发进取的民族。中华民族之所以生生不息，中华文化之所以源远流长，正是因为我们自古以来就不乏仁人志士。

如欲平治天下，当今之世，舍我其谁也？（先秦《孟子·公孙丑下》）

老骥伏枥，志在千里；烈士暮年，壮心不已。（汉·曹操《步出夏门行·龟虽寿》）

心懔懔以怀霜，志眇眇而临云。（晋·陆机《文赋》）

会当凌绝顶，一览众山小。（唐·杜甫《望岳》）

丈夫贵兼济，岂独善一身。（唐·白居易《新制布裘》）

为天地立心，为生民立命，为往圣继绝学，为万世开太平。（宋·张载《近思录拾遗》）

读一读这些气壮山河、豪迈超逸的传世名言，相信我们每一个人都会由此洞悉中华民族之所以伟大、中华文化之所以渊博的内在原因。

一个民族之所以成为一个民族，那是因为有一种民族精神。中华民族之所以成为中华民族，中华民族之所以在历经无数苦难之后仍然屹立不倒，并不断自强崛起，那是因为中华民族自古以来就有无数以国家天下为己任、舍身报国、爱国忘家的优秀儿女。

路漫漫其修远兮，吾将上下而求索。（先秦·屈原《楚辞·离骚》）

匈奴未灭，何以家为也！（汉·司马迁《史记·卫将军骠骑列传》）

捐躯赴国难，视死忽如归。（三国魏·曹植《白马篇》）

鞠躬尽瘁，死而后已。（三国蜀·诸葛亮《后出师表》）

风尘三尺剑，社稷一戎衣。（唐·杜甫《重经昭陵》）

黄沙百战穿金甲，不破楼兰终不还。（唐·王昌龄《从军行七首》）

先天下之忧而忧，后天下之乐而乐。（宋·范仲淹《岳阳楼记》）

位卑未敢忘忧国。（宋·陆游《病起书怀》）

人生自古谁无死，留取丹心照汗青。（宋·文天祥《过零丁洋》）

风声、雨声、读书声，声声入耳；家事、国事、天下事，事事关心。（明·顾宪成为无锡东林书院所题联语）

苟利国家生死以，岂因祸福避趋之。（清·林则徐《赴戍登程口占示家人》）

天下兴亡，匹夫有责。（清·顾炎武《日知录·正始》）

读一读上面这些掷地有声的报国誓言、爱国心声，我们不难窥见中华民族之所以能够绵历数千年而生生不息、历久弥新的原因所在。

有爱国之心、报国之志，固然难得；而有治国安邦之才、济世爱民之情，则更为难得。中华民族之所以生生不息，并不断从苦难中站起来，那是因为我们历来不乏治国之能臣、安民之才俊。

居安思危，思则有备，有备无患。（先秦《左传·襄公十一年》）

为之于未有，治之于未乱。（先秦《老子》第六十四章）

仓廪实则知礼节，衣食足则知荣辱。（先秦《管子·牧民》）

政之所兴，在顺民心；政之所废，在逆民心。（先秦《管子·牧民》）

国虽大，好战必亡；天下虽安，忘战必危。（先秦《司马法·仁本》）

家有常业，虽饥不饿；国有常法，虽危不亡。（先秦《韩非子·饰邪》）

公正无私，一言而万民齐。（汉·刘安《淮南子·修

务训》)

世不患无法，而患无必行之法。(汉·桓宽《盐铁论·申韩》)

民之所好，好之；民之所恶，恶之。(汉·戴圣《礼记·大学》)

求贤如饥渴，受谏而不厌。(晋·陈寿《三国志·吴书·张纮传》)

服民以道德，渐民以教化。(宋·欧阳修《三皇设言民不违论》)

兼听则明，偏信则暗。(宋·司马光《资治通鉴》载唐太宗语)

为政之要，曰公曰清。(宋·林逋《省心录》)

听一听这些先贤治国安邦的心得，分享他们济世安民的成功经验，今天身为人民公仆的干部一定能从中学习、领悟到不少东西；于其执政能力、行政能力的提高，也会助益多多。

治国安邦之才，经世致用之能，并不是先天所生就，而是要通过后天的学习教育。而今，世界已经进入“知识经济”时代，不接受教育、不读书或者说不会读书，都会被时代淘汰。

学而不思则罔，思而不学则殆。(先秦《论语·为政》)

玉不琢不成器，人不学不知道。(汉·戴圣《礼记·学记》)

学，然后知不足；教，然后知困。(汉·戴圣《礼记·学记》)

少则习之学，长则材诸位。（汉·班固《汉书·董仲舒传》）

业精于勤荒于嬉，行成于思毁于随。（唐·韩愈《进学解》）

纸上得来终觉浅，绝知此事要躬行。（宋·陆游《冬夜读书示子聿》）

循序而渐进，熟读而精思。（宋·朱熹《读书之要》）

对于“为何学习”、“如何学习”，先哲前贤都提出了精辟的见解。读了上述教诲，相信今天的我们定能“心有戚戚焉”，对学习的意义与学习的方法的认识也会更加深刻的。

其实，先贤留下的名言名句，不仅极大地丰富了我们中华文化，对中国人的思想发展、人生观的确立等有着重要的影响，同时也对中国人心灵的陶冶与精神的慰藉为功不小。

余霞散成绮，澄江静如练。（南朝齐·谢朓《晚登三山还望京邑》）

白日地中出，黄河天外来。（唐·张蠙《登单于台》）

大漠沙如雪，燕山月似钩。（唐·李贺《马诗二十三首》）

大漠孤烟直，长河落日圆。（唐·王维《使至塞上》）

千里莺啼绿映红，水村山郭酒旗风。（唐·杜牧《江南春》）

日出江花红胜火，春来江水绿如蓝。（唐·白居易《忆江南》）

江流天地外，山色有无中。（唐·王维《汉江临眺》）

三山半落青天外，一水中分白鹭洲。（唐·李白《登金陵

凤凰台》)

楚塞三湘接，荆门九派通。(唐·王维《汉江临眺》)

疏影横斜水清浅，暗香浮动月黄昏。(宋·林逋《山园小梅》)

烟柳画桥，风帘翠幕，参差十万人家。(宋·柳永《望海潮》)

读一读这些描写塞外、江南自然风光的诗句，相信我们都会油然而生对祖国大好河山的无限热爱之情。

白日依山尽，黄河入海流。(唐·王之涣《登鹳雀楼》)

横空过雨千峰出，大野新霜万叶枯。(唐·耿湋《九日》)

远山芳草外，流水落花中。(唐·司空曙《题鲜于秋林园》)

明月松间照，清泉石上流。(唐·王维《山居秋暝》)

柳色黄金嫩，梨花白雪香。(唐·李白《宫中行乐词八首》)

星垂平野阔，月涌大江流。(唐·杜甫《旅夜书怀》)

春色满园关不住，一枝红杏出墙来。(宋·叶绍翁《游园不值》)

风吹梅蕊闹，雨细杏花香。(宋·晏几道《临江仙》)

蕉叶半黄荷叶碧，两家秋雨一家声。(宋·杨万里《芭蕉雨》)

浮天水送无穷树，带雨云埋一半山。(宋·辛弃疾《鹧鸪天》)

一年湖上春如梦，二月江南水似天。(元·迺贤《次段吉

甫助教春日怀江南韵》)

水流曲曲树重重，树里春山一两峰。(清 · 郑燮《潍县竹枝词》)

读一读这些描写山水花木的诗句，相信我们都会顿生“清风明月本无价，近水远山皆有情”的情感共鸣，在观照自然万物中得到心灵的净化。

目送归鸿，手挥五弦。俯仰自得，游心太玄。(三国魏 · 嵇康《赠兄秀才从军十八首》)

石栏斜点笔，桐叶坐题诗。(唐 · 杜甫《重游何氏五首》)

松风吹解带，山月照弹琴。(唐 · 王维《酬张少府》)

独立小桥风满袖，平林新月人归后。(南唐 · 冯延巳《鹊踏枝》)

欲归还小立，为爱夕阳红。(宋 · 陆游《东村》)

东篱把酒黄昏后，有暗香盈袖。(宋 · 李清照《醉花阴》)

题诗石壁上，把酒长松间。(元 · 倪瓒《对酒》)

闲窗听雨摊书卷，独树看云上啸台。(清 · 吴伟业《梅村》)

读一读这些诗句，相信我们会尘虑顿消。而对照于古人的生活情趣与潇洒的人生态度，相信今日忙忙碌碌的我们都会惭愧不已，不得不对自己的人生态度进行深刻的反省。

这套名曰“名句中国”的小丛书，虽本意在于通过对一万余条中国古代经典名句意蕴的剖析，为人们的读写实践指点迷津，并提供“引经据典”的参考方便；但在名句意蕴解构的过程中，读者也许可以由此及彼而对博大精深的中国传统文化有个“管中窥豹”的粗略印象。“一滴水能折射出太阳的光辉。”透过名句，我们虽然不敢说能由此窥见博大精深的中国文化的深度，但最起码会给大家留下一点“浮光掠影”式的印象。

吴礼权

2008 年 4 月 8 日记于复旦园

凡　例

一、本丛书共收中国历代经典名句一万余条。入选的各名句，一般都是编者通过现代科技手段与互联网技术，在认真调查了其引用频率的基础上精选出来的。

二、本丛书所收名句依据特定的标准，共分为十二大类。每一大类又细分为若干小类。每一小类所收辞目，根据实际情况和“宁缺毋滥”的原则而多少不等。

三、辞目的编排，每一小类内的辞目编排顺序依据每一个辞目（即每一个名句）的第一个字的汉语拼音顺序依次编排。相同字头的辞目都集中于一起，排于其特定的音序位置上。第一个字与第二个字都相同的辞目，也依上述原则集中于一起，排于其特定的音序位置上。

四、每个辞目的编写体例是：首先列辞目（即名句），其次是“注释”，最后是“译文”和“点评”（句义没有难解之处，则没有译文）。即“辞目—注释—译文/点评”。

五、辞目的长度，一般是一句或两句。少数辞目考虑其意义的整体性，可能是三句、四句或更多。

六、注释的文字，包括名句的出处、生僻字词注音、难解字词的词义解释、古代汉语特殊句法结构的语法说明等四个部分。名句出处的标注，包括时代、作者、书名或篇名。成书时代难以确定的，则付之阙如。秦代以前的作品，统一以“先秦”概括，不细分为夏、商、周、春秋、战国等。这是考虑到有些作品的成书只能确定其大致时间，而难以具体指明何年何代，如《诗经》、《周易》、《尚书》等。作者不能确定的，也付之阙如。如《论语》、《孟子》等，并非孔子、孟子自己所编定，而是由他们的弟子或后人编定的，就不便注明作者。还有些作品是大家非常熟悉的，书名本身就表明了作者，则也不注明作者，如《老子》、《庄子》等。如果所引名句是著作中的，则注明书名和篇名或章节名。生僻字的注音，以汉语拼音方案的拼写规则标注声、韵、调。

七、译文/点评的文字，根据不同情况有不同的表现形式。主要有：①句意难于理解的，先列出白话译文，或是进行句意串讲，然后再对其内容进行阐发。②句意易于理解的，则略去译文或句意串讲，直接进行内容的阐发、点评。③有些名句运用到特定修辞方式的，则明确予以指出，并说明其表达效果。④有些写景的名句，不便用编者自己的观点框定读者，就以概括句意的形式简洁点拨，以便读者作“仁者见仁，智者见智”的解读发挥。⑤有些名句的语意后世在使用中发生语义变化的，则予以说明。⑥有些名句可以引申运用的，则予以说明。

八、《文学艺术》卷注有本丛书的条目索引，索引按照汉语拼音的音序排列，读者可以方便迅速地查阅到相关条目。

目　录

咏史怀古

安得夫差水犀手，三千强弩射潮低。

【注释】出自宋·苏轼《八月十五日看潮五绝》。安得，怎么能。夫差，春秋时代吴国的国王，这里借指吴越王钱镠。水犀手，指穿着水牛皮铠甲的水手。强弩射潮，指五代时吴越王钱镠为了增强修筑工人的信心，克服重重困难，筑起钱塘江捍海石塘，令五百强弩弓手猛射钱塘江潮头，以期战退海神之事。

【译文/点评】此句在感叹钱塘江潮之汹涌的同时，也寄托了诗人希望能人再世、征服江潮、造福于民的理想。

八公山色还苍翠，虚对围棋忆谢玄。

【注释】出自清·冯班《有赠》。八公山，在今安徽寿县北，淝水之北。谢玄，东晋将领，谢安之侄，曾率师大破前秦苻坚之军，取得淝水之战的胜利。

【译文/点评】此乃咏古写今，表达对清朝军队大举南下，南明政权朝中无人、形势岌岌可危局面的深切忧虑。前句用苻坚望八公山而叹的典故，《晋书·苻坚载记》有云："坚与苻融登城而望王师，见部阵整齐，将士精锐；又望八公山上，草木皆类人形。顾谓融曰：'此亦勍敌也，何谓少乎？'"后句用谢安从容围棋之典，《资治通鉴·晋纪》载："谢安得驿书，知秦兵已败，时方与客围棋，摄书置床上，了无喜色，围棋如故。客问之，徐答曰：'小儿辈遂已破贼。'"

白发渔樵江渚上，惯看秋月春风。一壶浊酒喜相逢，古今多少事，都付笑谈中。

【注释】出自明·杨慎《临江仙》。

【译文/点评】此写泛舟江湖之上，吟风弄月，把酒说往事，谈笑度人生的洒脱场景，表现的是一种置身尘世外、冷眼看世界的超脱人生观。

白头吊古风霜里，老木苍波无限悲。

【注释】出自宋·陈与义《登岳阳楼》。吊，凭吊。

【译文/点评】此写凭吊历史的无限悲伤之情。前句“白头”（即“白头人”）的主体与“风霜里”的环境相匹配，已见“悲伤”之意，再与“吊古”的动作行为相呼应，白头人内心的感伤之情可知矣。后句“老木苍波”的哀景描写与“无限悲”的感慨，前后呼应，语义互足，遂将睹景神伤之情淋漓尽致地表现了出来。

碧野朱桥当日事，人不见，水空流。

【注释】出自宋·秦观《江城子》。

【译文/点评】此用唐人刘禹锡《乌衣巷》“朱雀桥边野草花，乌衣巷口夕阳斜。旧时王谢堂前燕，飞入寻常百姓家”句意，抒发物是人非的悲伤之情。

并州英雄今谁在，莫拟分军下井陉。

【注释】出自金·元好问《壬辰十二月车驾东狩后即事》（其二）。并州，古代治所在太原，此指今山西境内的地方。拟，准备、计划。井陉，在今河北井陉西北。

【译文/点评】此言井陉虽然是自古以来兵家必争的战略要塞，但是现在大金朝中无人，还有谁能率军直下井陉，经略河朔，挽金朝大厦于将倾呢？“分军下井陉”，是咏叹历史上的兵家往事（如汉代韩信率兵东下井陉而击赵军之事、唐代郭子仪分兵出井陉而定河北之事等），以与前句“并州英雄今谁在”对应，以抒发今不如昔的无奈之情。

沧波淮海东流水，风雨扬州北固山。

【注释】出自明·王夫之《读〈指南集〉二首》（其一）。北固山，在今江苏镇江市东北。

【译文/点评】此言时间如流水逝去，但扬州和北固山犹在。这是怀念文天祥抗元之事，寄寓了斯人已去、精神长存的意蕴。

沉思百年事，挥泪洒斜阳。

【注释】出自宋·林泳《岳武穆王墓》。

【译文/点评】此写岳飞墓前回顾历史、忆念英雄的深切之情。

赤壁矶头落照，肥水桥边衰草，渺渺唤人愁。

【注释】出自宋·张孝祥《水调歌头》。赤壁矶，是孙刘联军大败曹操军队的故址。肥水，即淝水，在今安徽寿县北，是东晋谢玄、谢石大败前秦苻坚军队的地方。渺（miǎo）渺，遥远的样子。

【译文/点评】此乃借写赤壁之战、淝水之战两个古战场的落日、枯草景象，抒发江山依旧、物是人非的历史感慨。同时，也寄寓了时光无情之意，与苏轼“大江东去，浪淘尽，千古风流人物”之句的意蕴有相通之处。

惆怅南朝事，长江独至今。

【注释】出自唐·刘长卿《秋日登吴公台上寺远眺，寺即陈将吴明彻战场》。

【译文/点评】此以长江天堑犹在与南朝的繁华不复存在并举，意在说明这样一个道理：兴亡在于人事，而不在天意或是地利。其言外之意是提醒封建统治者：治国应当尽人事，励精图治，绝不能仰仗天意或地利之便。

出师未捷身先死，长使英雄泪满襟。

【注释】出自唐 · 杜甫《蜀相》。

【译文/点评】前句说的是诸葛亮六出祁山，最终却没有北伐成功而死于五丈原的历史。后句是紧承前句的议论之语，但一语包二义，明里是说诸葛亮大愿未遂、大志未伸之悲哀，暗里则是自伤其情。诗人平生以“致君尧舜上，再使风俗淳”为志向，而今飘零于江湖，岂能不感于诸葛亮遇刘备之事而顿生“明主难遇，英雄失路”之慨？

此日六军同驻马，当时七夕笑牵牛。

【注释】出自唐 · 李商隐《马嵬》。

【译文/点评】前句是说安史之乱爆发后，唐玄宗弃长安而逃往蜀中，行到马嵬坡，大军哗变要求诛杀杨贵妃以谢天下的事。后句是叙唐玄宗天宝十年七月七日唐玄宗与杨贵妃在长生殿密约世世为夫妻之事。前句以“此日”冠于句首以与后句句首的“当时”相映衬，在突出强调李杨当年恩爱幸福生活的同时，反衬出今日不得已而生离死别的悲哀之情。

大抵南朝皆旷达，可怜东晋最风流。

【注释】出自唐 · 杜牧《润州二首》。南朝指东晋之后短暂存于南方的四个朝代，即宋、齐、梁、陈四个政权。

【译文/点评】此言东晋与南朝的士人都喜欢故作旷达风流之举，在当时虽一时传为逸事佳话，但而今都如过眼云烟，有谁还曾记得呢？意谓他们的这种旷达风流在历史上是毫无意义的。在否定东晋和南朝士人的行为做派的同时，也揭示了东晋、南朝政权之所以短命的深层原因。

大江东去，浪淘尽，千古风流人物。

【注释】出自宋 · 苏轼《念奴娇》。

【译文/点评】此写“天地永恒，人生易老，岁月无情，风流不再”的历史感慨。

地下若逢陈后主，岂宜重问后庭花？

【注释】出自唐·李商隐《隋宫》。地下，指九泉之下、地府。陈后主，指南朝陈亡国之君陈叔宝。后庭花，是陈后主所作《玉树后庭花》乐曲，缠绵淫靡，后世以此代指亡国之音。

【译文/点评】《隋遗录》卷上有一则传说：隋炀帝在扬州“昏湎滋深，往往为妖祟所惑。尝游吴公宅鸡台，恍惚与陈后主相遇，尚唤帝为殿下。后主……舞女数十许罗侍左右，中一人迥美。帝屡目之。后主云：‘殿下不识此人耶？即丽华也。’……因请丽华舞《玉树后庭花》。丽华辞，……再三索之，乃徐起，终一曲。……后主问帝：‘龙舟之游乐乎？始谓殿下致治在尧、舜之上，今日复此逸游，大抵人生各图快乐，曩时何见罪之深耶？’”。此二句即化用于此。言隋炀帝要是在九泉之下与陈后主相遇，不知是否还好意思跟他重提《玉树后庭花》的乐曲。意谓隋灭陈而立国，距离陈后主亡国之日非常近，隋炀帝是亲见陈后主是如何骄奢淫逸而亡国的，而今自己重蹈陈后主的覆辙，他何以再见陈后主？其弦外之音是说隋炀帝明知陈后主亡国的教训而不予以吸取，是比陈后主还不如。后句有意用设问句表达，使语气更重，更能发人深省。

繁华事散逐香尘，流水无情草自春。日暮东风怨啼鸟，落花犹似坠楼人。

【注释】出自唐·杜牧《金谷园》。坠楼人，指绿珠，晋人石崇所蓄宠妓。绿珠貌美能歌舞，权臣孙秀求之不得，遂嫁祸于石崇而强得绿珠，绿珠誓死不从，遂坠楼而亡。

【译文/点评】此乃通过咏叹石崇与绿珠之事而写繁华如烟、岁月无情的历史感慨。第一句是比喻，言繁华易散就像花落尘土。第二句用拟人修辞手法，写流水依旧、草绿草枯的自然规律，表达的是“岁月催人老，天地自永恒”的意蕴。第三句写听鸟啼的感觉，运用拟人修辞手法，将鸟人格化，使之带有人的生命情态，从而借鸟写出抚今追昔、睹物思人的悲切之情。第四句用比喻修辞手法，将落花与坠楼的绿珠作比，将眼前与历史接续起来，让人由落花之形象展开联想想象，从而想到当年绿珠为情坠楼的真切情状，让人如临其境，如见其人，不禁感慨系之，无限伤感。

凤凰台上凤凰游，凤去台空江自流。

【注释】出自唐·李白《登金陵凤凰台》。凤凰台，在今江苏南京凤凰山上。相传南朝刘宋永嘉年间有五色鸟集于此凤凰山，遂筑台于山上，台、山皆因之得名。

【译文/点评】中国古代有一种观念，认为凤凰出现便是天下大治或圣主临世的祥兆。相传南朝刘宋永嘉年间有五色鸟集于凤凰山，于是刘宋王朝的统治者便筑台于山上，故有了凤凰台、凤凰山。然而，凤凰台、凤凰山今日皆在，但刘宋王朝并没有江山永固，只是存在了短短五十余年。此诗句咏叹的正是这一历史事实。前句写历史传说，再现的是历史的景象；后句所写，乃是眼前所见的实景：凤凰台上无凤凰，江水悠悠自东流。如此叙事与写景相结合，便不着痕迹地表达出这样一个意旨：凤凰兆福呈祥的传说是靠不住的，只有励精图治的人为努力才是治国安邦的真谛。

宫女如花满春殿，只今唯有鹧鸪飞。

【注释】出自唐·李白《越中览古》。

【译文/点评】此以乐景与哀景的对照，抒发了“岁月无情人易老”、“是非成败转头空”的历史感慨。前句写昔日越王勾践灭吴兴国称霸的鼎盛繁华景象，后句写人去殿空鹧鸪鸣的悲哀景象（鹧鸪鸣声悲哀）。前后对照，往事与现实形成的巨大反差，将所要抒发的历史感慨尽蕴其中矣。

古今多少事，渔唱起三更。

【注释】出自宋·陈与义《临江仙》。渔唱，渔歌。

【译文/点评】此言半夜三更江上响起的渔歌之声，不禁让人想起了悠远的往事，感慨起历史的推移与人事的变化。

滚滚长江东逝水，浪花淘尽英雄。

【注释】出自明·杨慎《临江仙》。

【译文/点评】此与宋人苏轼“大江东去，浪淘尽，千古风流人物”句意相同，皆是抒发“岁月无情，物是人非”的历史感慨。

汉家青史上，计拙是和亲。

【注释】出自唐·戎昱《咏史》。和亲，是将皇室成员的女子嫁给外族政权，以与外族达成和平的外交策略。

【译文/点评】此言汉朝与匈奴的“和亲”政策在中国历史上不是对外战略的上策，而是下策。

汉家社稷四百年，荒台犹是开基处。

【注释】出自元·张昱《过歌风台》。社稷，指国家、政权。荒台，指歌风台，即汉高祖刘邦平定天下后衣锦还乡时与沛县父老饮酒击节而歌的土台。

【译文/点评】此言汉朝四百年基业，这歌风台便是见证者，但开国时击节高歌的高台，而今已是荒草茫茫的废土堆。后一句“犹是”二字，不经意间将开基处与荒台画上等号，由此便将“是非成败转头空”之意淋漓尽致地展露出来。

何事将军封万户，却令红粉为和戎。

【注释】出自唐·胡曾《汉宫》。何事，为什么。万户，指万户侯。红粉，代指女子。和戎（róng），此指汉朝以皇室成员之女或宫女嫁给匈奴首领的“和亲”政策。

【译文/点评】既然将军被封为万户侯，那为什么要让自己的女人嫁给仇敌匈奴呢？此言汉朝的将军无用，汉朝的封官赐爵过滥。如果不是这样，何必要屈膝于仇敌而让自己的女人远嫁塞外呢？这是对汉朝统治者软弱无能、“和亲”政策荒唐的批判之辞。

和议终非中国计，穷兵才是帝王才。

【注释】出自清·王昙《汉武帝茂陵》。和议，指汉朝初年与匈奴的“和亲”政策。穷兵，用兵作战。

【译文/点评】此言汉朝初期与匈奴的“和亲”政策终究解决不了匈奴屡屡南侵的问题，只有像汉武帝那样以牙还牙，用兵作战，狠狠还击，才是一个雄才大略的帝王应有的作为。在赞赏汉武帝的文治武功的同时，也揭示了汉民族王朝历来对外软弱的病根。对照中国的历史，这话是永远值得我们炎黄子孙深思的。

虎踞龙蟠何处是，只有兴亡满目。

【注释】出自宋·辛弃疾《念奴娇》。虎踞龙盘，指金陵（即今南京）地理形势之雄伟，典出于诸葛亮见金陵地势后的评论：“钟山龙蟠，石城虎踞，帝王之宅也。”意谓金陵有王气，是称王称帝的好地方。

【译文/点评】此句意谓金陵哪里看得出什么虎踞龙盘的王气，所能见到的只有六朝（东吴、东晋、南朝宋齐梁陈）走马灯似的朝代更替所遗留的衰败旧迹罢了。这是诗人登建康（南京）赏心亭的感慨之辞，意在强调“地利不可据，治国在人事”的历史感慨与反思。

淮水东边旧时月，夜深还过女墙来。

【注释】出自唐·刘禹锡《石头城》。淮水，此指秦淮河，在今南京市。女墙，城墙上的垛口。

【译文/点评】此言秦淮河东边的明月还如六朝时代一样明亮，夜深也会依旧照到金陵城墙之上。意谓明月依旧，人事已非。这是咏史怀古之辞，表现的是“物是人非”的历史沧桑感。

荒台汉时月，色与旧时同。

【注释】出自唐·岑参《司马相如琴台》。

【译文/点评】此写“台荒人去月如旧”的景象，意在感叹“岁月无情，风流不再”。

贾生明王道，卫绾工车戏。同遇汉文时，何人居高位。

【注释】出自唐·刘禹锡《咏史二首》。贾生，即贾谊。明王道，通晓治国安邦的方法。卫绾，与贾谊同时代人。工车戏，擅长车技。

【译文/点评】贾谊与卫绾同为汉文帝时大臣，贾谊年少有大才，对如何治国安邦有一套深刻的理论，但是却因上书言政事而得罪权臣，被流放至长沙，一生不得志，郁郁寡欢，英年早逝；而卫绾虽才能平平，唯唯诺诺，一生毫无建树，但为人处世谨小慎微，因此在汉文帝时就官至中郎将，汉景帝时更位至丞相。上面四句诗所述的正是这段历史故事。诗人重提此事，既有为贾谊抱不平之意，也有借古讽今、抒发怀才不遇之情的倾向。

江东子弟多才俊，卷土重来未可知。

【注释】出自唐·杜牧《题乌江亭》。江东，指今江苏长江东岸一带的地方。

【译文/点评】此言乃是感叹项羽兵败垓下后不能忍辱负重，拒绝渡江而别作打算的不智之举。在感叹历史人物的同时，也寄寓了对人生的深刻思考，那就是做男人，尤其是做顶天立地的男人、做有远大志向的男人应如何面对暂时的失败与挫折的问题。

江东子弟今虽在，肯为君王卷土来?

【注释】出自宋·王安石《乌江亭》。君王，指项羽。

【译文/点评】此言秦末天下人怨秦的时代氛围已经不复存在，天下争战太久，人心思定，而今项羽失败，江东子弟虽在，但不会有人愿意替项羽再去争天下了。意谓时势变了，人心的向背也会改变，项羽没有抓住当初对自己有利的大好时机，而今就不可能再挽回颓势了。在感慨历史往事的同时，也寄寓了这样一个人生哲理：时势不可再造，良机不可错失。

江流今古愁，山雨兴亡泪。

【注释】出自元·任昱《双调清江引·钱塘怀古》。

【译文/点评】江水就像流不尽的古今之愁，山雨恰似流淌不尽的兴亡之泪。此为比喻修辞手法，以江流比忧愁，以山雨比眼泪，化抽象为具象，形象生动地抒发了抚今追昔、感时伤怀之情。

江流石不转，遗恨失吞吴。

【注释】出自唐·杜甫《八阵图》。

【译文/点评】此以江水奔腾不息而江中砥石岿然不动为喻，一方面说明历史潮流不可抵挡的趋势，另一方面歌颂了诸葛亮为蜀汉立国所发挥的中流砥柱作用，同时也为他没能实现吞吴统一天下的理想而惋惜。

江山不管兴亡恨，一任斜阳伴客愁。

【注释】出自唐·包佶《再过金陵》。

【译文/点评】江山不是有情物，自然无恨。但是，人则有情，见到斜阳西下，对着大好河山，自然会睹物伤情，想起许多王朝兴亡之事。前句写江山无情，后句写人类有情，相形对比反衬，从而强化了客者的感时伤怀之情。

江山王气空千劫，桃李春风又一年。

【注释】出自元·耶律楚材《鹧鸪天》。王气，王者之气，指风水好，能出帝王。诸葛亮曾评价金陵地势曰：“钟山龙蟠，石城虎踞，帝王之宅也。”意谓金陵有王气，是称王称帝的好地方。劫，佛家用语，意指一成一败。千劫，指代极长的时间。

【译文/点评】此写“天地岁月永在，人间繁华如烟”的历史感慨。前句写人事的更替，后句写时序的更替。写人事的更替（即六朝快速更替的历史），意在说明治国安邦要靠人事，而不是什么天意，更不是险固的地利之便。写时序的更替，意在强调天地岁月的永恒性，以反衬人类生命与繁华富贵的短暂性。

尽道隋亡为此河，至今千里赖通波。若无水殿龙舟事，共禹论功不较多。

【注释】出自唐·皮日休《汴河怀古二首》。道，说。河，指大运河。水殿龙舟事，指隋帝造水舟游江都（今扬州）之事。共禹论功，与大禹治水的功劳相比。

【译文/点评】世人都说隋朝的灭亡是因为开凿大运河，但是至今南北千里的航运却确确实实是有赖于此河。如果隋炀帝没有龙舟游幸江都之事，谁能说他的功劳不可以与大禹治水相当呢？此言隋朝的灭亡虽与开凿大运河加重人民负担、激起民变有关，但隋炀帝开凿大运河在客观上是有利于南北航运，促进中国统一、经济发展及文化交流的。意谓评论历史问题要客观，要实事求是，不能带有主观情感因素。

旧时王谢堂前燕，飞入寻常百姓家。

【注释】出自唐·刘禹锡《乌衣巷》。王谢，指东晋开国元勋王导与指挥淝水之战的谢安。

【译文/点评】此二句乃是咏史之作，感叹世事常变化，沧海变桑田。但诗人没有直说此层意思，而是通过天空中飞动的燕子进入人家屋檐之下的细节描写，并以“旧时”一词巧妙地将现实与历史联通，将“王谢堂”（权贵高门的代名词）与“寻常百姓家”并置对比，让感慨之情自然而然地流露出来，而不必将其特别地指出来。

旧苑荒台杨柳新，菱歌清唱不胜春。只今惟有西江月，曾照吴王宫里人。

【注释】出自唐·李白《苏台览古》。不胜春，指春光无限。

【译文/点评】此乃咏姑苏台遗迹而抒发“岁月无情、人去台空、繁华易逝”的历史感慨。前两句以“杨柳新”、“菱歌清唱”的乐景而与“旧苑荒台”作对比，后两句以“西江月”的“惟有”与“吴王宫里人”的不见（“曾照”）相对照，景中见情，将诗人深深的历史慨叹展露无遗。

君听浊浪金焦外，淘尽英雄是此声。

【注释】出自清·王图炳《渡江》。金焦，指镇江的金山与焦山。

【译文/点评】此乃抒发江流不息、英雄不再的历史感慨，用的是宋人苏轼“大江东去，浪淘尽，千古风流人物”的句意。

君子死知己，提剑出燕京。

【注释】出自晋·陶渊明《咏荆轲》。死，为……而死。燕京，指燕国之都。

【译文/点评】此写荆轲提剑为燕太子丹刺杀秦王之事，意在歌颂“士为知己者死”的英雄气概。

可怜师六出，无补国三分。

【注释】出自清·姚怀光《武侯》。

【译文/点评】此乃感叹诸葛亮六出祁山，意欲一统天下、恢复汉室，而最终劳而无功的历史往事。“可怜”二字，将此遗憾之情作了清楚的交代。

可怜夜半虚前席，不问苍生问鬼神。

【注释】出自唐·李商隐《贾生》。可怜，可惜。虚前席，移动坐席，靠近对方，表示谈话投机。苍生，百姓，这里指有关百姓生活的话题，即有关国计民生的问题。

【译文/点评】此写英雄不遇的悲哀。贾谊有治国安邦的长才，汉文帝将他自长沙召回，夜半宣室召见垂询，态度虔诚，但是不问贾谊最擅长也是最关心的国计民生问题，却只就鬼神问题相问。上面两句说的就是此事。前句以“夜半”状汉文帝求贤心之急切，以“虚前席”状汉文帝待贤态度之诚恳，表面上似乎是在推崇汉文帝求贤若渴、虚怀若谷的贤君风范，但“可怜”一词冠于句首，顿使推崇之意大打了折扣。而后句“不问苍生问鬼神”的话题一抖出，又在对比中显出了汉文帝如此求贤、尊贤、用贤的可笑。由此，遂将对汉文帝尊贤非真心、用贤非其所的讽刺之意彰显无遗，但是表意传情含蓄婉约，让人有味之无穷、思虑深深之感。

可怜一片秦淮月，曾照降幡出石头。

【注释】出自清·吴伟业《台城》。秦淮，指秦淮河，在今南京市，是六朝时代著名的欢娱之区。降幡，降旗，代指东吴孙皓出城向晋大将王濬投降一事。石头，指石头城。

【译文/点评】此写东吴灭亡的历史感慨之情。前句化用唐代诗人杜牧《泊秦淮》“烟笼寒水月笼沙，夜泊秦淮近酒家。商女不知亡国恨，隔江犹唱后庭花”句意，后句化用唐代诗人刘禹锡《西塞山怀古》“千寻铁锁沉江底，一片降幡出石头”句意。前句是反思六朝之所以迅速覆亡的原因（纵情于声色、沉溺于享乐），后句是强调历史发展的潮流不可阻挡的道理（“分久必合”的历史规律）。此二句咏史之妙，在于化用他人的名句以成诗，“借他人酒杯，浇自己块垒”。

客散青天月，山空碧水流。

【注释】出自唐·李白《谢公亭》。

【译文/点评】此言谢朓当年与文友欢聚的雅集早就散了，而今只有青天明月依旧，还有空山尚在，碧水长流。这是李白在谢公亭追怀南朝齐著名文学家谢朓时所咏之句。写眼前之景的美妙，意在抒发“美好往事成追忆，当年雅集不复见”的惆怅之情。

坑灰未冷山东乱，刘项原来不读书。

【注释】出自唐·章碣《焚书坑》。坑灰，指秦始皇焚书之坑。山东，指崤山之东，即战国时代齐、楚、燕、韩、赵、魏等六国故地。刘项，刘邦、项羽。

【译文/点评】此言秦始皇焚书坑儒钳制天下读书人的思想可以得逞一时，却不能让刘邦、项羽这样不读书的人熄了反秦之心。意在感慨秦始皇意欲江山永固、千秋万代的一切努力都是白费心机，“是非成败转头空”。

六朝金粉地，落木更萧萧。

【注释】出自清·吴伟业《残画》。六朝，指定都于金陵（今南京）的东吴、东晋和南朝的宋、齐、梁、陈六个政权。金粉地，形容极其繁华奢侈之地。

【译文/点评】此言过度的纵欲享乐是灭亡的原因。“金粉地”与“落木更萧萧”对照，原因与结果的关系昭然若揭。“落木更萧萧”，明里写秋叶飘飘之景，实则暗写六朝相继迅速衰亡的史实，一语双关，让人思之味之，感慨不尽。

六朝旧事随流水，但寒烟、芳草凝绿。

【注释】出自宋·王安石《桂枝香》。

【译文/点评】此言六朝的繁华就像过眼云烟，早已随着滔滔不息的长江之水而逝去，眼前只有江上的寒雾、岸上的绿草仍如往昔。意在抒发景物依旧、人事已非的历史感慨。

六朝文物草连空，天淡云闲今古同。

【注释】出自唐·杜牧《题宣州开元寺水阁，阁下宛溪，夹溪居人》。

【译文/点评】此二句乃是怀古伤时之作。“六朝文物草连空”，是说六朝的繁华已荡然无存，而今所见的唯有一望无边、连到天际的草，这是以“草连空”的永恒性反衬“六朝文物”的短暂性；“天淡云闲今古同”，表面强调的是“天淡云闲”的永恒性，实际要表达的是人事的短暂性，与前句意思正好相同，由此，两句结合起来，便将人事无常、天地永恒的感时伤怀之主旨表达无遗。

楼台旧地牛羊满，宫殿遗基禾黍平。

【注释】出自宋·胡君防《咸阳闲望》散句。

【译文/点评】昔日繁华的秦汉之都咸阳楼台宫殿林立，而今荡然无存，在它们的遗址之上到处都是吃草的牛羊与种满的庄稼。此乃咏史怀古之辞，表达的是沧海变桑田的历史感慨。

绿窗明月在，青史古人空。

【注释】出自唐·崔颢《题沈隐侯八咏楼》。

【译文/点评】此言窗前明月依旧在，青史虽存古人去。此乃触景生情、睹物伤怀的感慨之辞，意在抒发“物是人非”的历史沧桑感。

明断自天启，大略驾雄才。

【注释】出自唐·李白《古风》（其三）。明断，决断英明。天启，上天启发，即天生。略，谋略、计谋。

【译文/点评】此二句虽是赞颂秦始皇之语，但也由此提出了英主的两个基本条件：一是“明断”，二是“大略”。揆之历史，当是切至之语。因为只有“明断”，才不至于被臣下的谗言或昏策所迷惑而误国；只有具备“大略”，才能驾驭得了桀骜不驯的雄才之臣，坐稳天下。

明月自来还自去，更无人倚玉阑干。

【注释】出自唐·崔橹《华清宫三首》。

【译文/点评】传说唐明皇与杨贵妃曾于月夜在长生殿凭栏望月盟誓，此二句所叙正是这段历史。但诗人这里并非“为述史而述史”，而是借述史而寄慨：“明月犹在，斯人已逝。”让人在感慨李杨爱情的同时，也进一步反思唐朝由盛而衰的历史原因。

陌上花开蝴蝶飞，江山犹是昔人非。

【注释】出自宋·苏轼《陌上花三首》。陌，田间小路。犹是，还是。昔人非，古人已去。

【译文/点评】此写“江山依旧，物是人非”的历史感慨。花开蝶飞、江山依旧的景色描写已将“昔人非”之意点出，后句再清楚地予以点明，其感慨之情就显得更加强烈了。

莫说长江限南北，建康原是小朝廷。

【注释】出自清·顾湄《感怀》。建康，即今之南京。

【译文/点评】不要夸说长江是割断南北的天堑，历史上凡是建都于建康的，都只是半壁江山的小朝廷。此言倚仗长江而偏安江南的统治者都不是什么有雄才大略的主子，而是苟且偷安的碌碌无为之辈，其意是感叹六朝偏安江左、沉溺于享乐而迅速覆亡的历史。

莫奏开元旧乐章，乐中歌曲断人肠。

【注释】出自唐·薛逢《开元后曲》。

【译文/点评】唐玄宗开元年间近三十年是唐玄宗治国安邦最有成就的时期，也是唐代乃至整个中国封建时代最为鼎盛的时期。此二句劝人莫奏开元乐曲，乃是怕听到开元乐曲而想起开元盛世的景象，从而抚今追昔而生惆怅感慨。全诗表达的是一种对开元盛世的无限怀念之情与对混乱现实深切感慨之情。

南朝天子爱风流，尽守江山不到头。

【注释】出自唐·李山甫《上元怀古二首》（其一）。

【译文/点评】此乃咏叹南朝的统治者耽于逸乐，结果荒淫怠政、身死国灭。

霓裳一曲千门锁，白尽梨园弟子头。

【注释】出自唐·赵嘏《冷日过骊山》。霓裳一曲，即霓裳羽衣曲。梨园，指唐玄宗时设立的教习宫廷歌舞才人的地方。梨园弟子，代指歌舞艺人。

【译文/点评】此言当年欣赏《霓裳羽衣曲》而沉醉不醒的唐玄宗与杨贵妃都不复存在了，梨园千门早已关锁，这使天下歌舞才人每当想起那段辉煌的艺人黄金时代都不禁感慨万千。这是咏史怀古之辞，意在提醒统治者：沉溺于歌舞升平的享乐之中是要亡国灭身的。唐人白居易《长恨歌》有“渔阳鼙鼓动地来，惊破霓裳羽衣曲”，所叹正是这一深刻的历史教训。

鸟下绿芜秦苑夕，蝉鸣黄叶汉宫秋。

【注释】出自唐·许浑《咸阳城西楼晚眺》。芜，丛生的草。秦苑，秦朝的皇家园林。汉宫，汉朝的宫殿。

【译文/点评】夕阳西下，秦苑中，残晖斜照，鸟集于杂草之上；秋风阵阵，汉宫中，黄叶飘飘，蝉鸣于枯枝之上。此写秦苑、汉宫在夕阳中、秋风里的景象，意在以景写情，抒发“岁月无情，繁华如烟”、“是非成败转头空，青山依旧在，几度夕阳红”的历史感慨。

七十战才余寸土，八千人恨不同丘。时来雉亦烹功狗，事去人争笑沐猴。

【注释】出自清·孙原湘《霸王之墓诗后》。雉，即刘邦之妻吕雉。功狗，指大将，刘邦将功臣比喻为功狗。烹功狗，指吕后杀韩信。沐猴，指项羽。《史记·项羽本纪》记项羽破关入咸阳后，有人建议他定都咸阳。“项王见秦宫室皆以烧残破，又心怀思欲东归，曰：‘富贵不归故乡，如衣绣夜行，谁知之者！’说者曰：‘人言楚人沐猴而冠耳，果然。’项王闻之，烹说者。”

【译文/点评】此诗乃是感叹项羽功败垂成、痛失天下、身死而为天下笑的历史往事。第一句是说项羽悲惨的人生结局：一生冲锋陷阵，身先士卒，亲历大小七十余次战役，但偌大的天下却与他无缘，只是死后才有了一块葬身的小小墓地。第二句是说当年跟随项羽渡江起事反秦的八千江东子弟，战争结束后没有一个生还，都死于不同的战役中。第三句是说刘邦之妻虽是一个妇人，却时来运转，竟然能杀了为汉室打下江山的功臣韩信。第四句是说项羽之所以失败，乃是当初没听谋士定都咸阳的建议，结果才有身死而为天下笑的悲剧。全诗虽有批评项羽之意，但主基调仍是为他鸣不平，感叹“世无英雄，遂使竖子成名”。

千古艰难惟一死，伤心岂独息夫人？

【注释】出自清·邓汉仪《题息夫人庙》。息夫人，春秋时代息国国君的夫人。

【译文/点评】春秋时代息国被楚国所灭，息国的息夫人被楚文王掳归而享用。息夫人不从，但又求死不得，虽然与楚文王生有二子，但终其一生，不与楚文王交一言。此句正是咏叹此事，在感叹息夫人求死而不得的莫大悲哀的同时，也隐约地表达了诗人作为汉人而被迫屈辱地生活于清朝异族政权下的悲痛之情。

千古兴亡多少事，悠悠，不尽长江滚滚流。

【注释】出自宋·辛弃疾《南乡子》。

【译文/点评】这是诗人登京口北固亭的感怀之辞，抒发了其抚今追昔、揽古阅今的历史感慨之情：世事茫茫如云烟，风流人物俱往矣，成败兴亡多少事，尽随江水滚滚去。两个叠字的运用，使这种历史感慨更显深沉。“悠悠”，既指时间的悠长，也指作者思绪的悠远。“滚滚”，摹写长江之水滔滔不绝之状，仿佛让人如闻其声，由此体认到历史的脚步不可阻挡的气势。后句化用唐代诗人杜甫“无边落木萧萧下，不尽长江滚滚来”（《登高》）句意，自然贴切，不着痕迹，有古人所说的“羚羊挂角，无迹可求”的境界。

千寻铁锁沉江底，一片降幡出石头。

【注释】出自唐·刘禹锡《西塞山怀古》。寻，古代长度单位，八尺为一寻。幡，旗子。石头，指石头城，即金陵（今之江苏南京），东吴的国都。

【译文/点评】此二句皆是用典。前句是说东吴之主孙皓为了阻止晋武帝大将王濬攻伐金陵，以铁链锁江；后句是说长江防线攻破后，孙皓出降之事。这两句表面是述史，实则是为了说明“兴废由人事，山川空地形”的道理。

乾坤噫气三百年，一风扫地无留残。万里江湖想潇洒，伫看春水雁来还。

【注释】出自元·刘因《白雁行》。乾坤，天地。噫气，吐气。三百年，指赵宋王朝的历史（包括北宋与南宋）。一风扫地，指元朝灭宋。

【译文/点评】前两句是说赵宋王朝在天地间也持续顽强地生存了三百多年，没想到被蒙古军队一击，就像秋风扫落叶一样无影无踪了。虽是历史的叙事，但充溢于字里行间的则都是深深的惋惜之情与万般的无奈之感。后两句踵继前两句的历史回顾，突然语锋一转，描写起眼前的景色：江湖万里，天高地远，春水潺潺，雁来雁去，自由恬淡，表现的是一幅静谧安宁、恬淡自然的景象。但静谧安宁之中却蕴含着滔天巨浪，恬淡自然中则蕴藏着无穷的感叹。“万里江湖”与“春水雁来还”的意象，就说尽了这一切：三百年的历史，在历史的长河中又算得了什么？春去春来，周而复始；雁去雁来，一切如常。既如此，何必有什么兴亡的慨叹呢？虽作旷达之语，但深深的感慨已尽在其中矣，真是让人思之不尽、味之无穷。

青苔寺里无马迹，绿水桥边多酒楼。

【注释】出自唐·杜牧《润州二首》（其一）。青苔寺里，即寺里的青苔。

【译文/点评】昔日香火鼎盛的寺庙，现在都长满了青苔，全然不见达官贵人上香的车马之迹；原本清静无人的绿水桥边，此时则酒楼林立，繁华无比。此以寺桥两处今昔境况的对比，感叹时过境迁，旧日繁华不再，新的繁华又生。

人世几回伤往事，山形依旧枕寒流。

【注释】出自唐·刘禹锡《西塞山怀古》。山形，指西塞山。寒流，指长江。

【译文/点评】此二句之妙在于，前句虽直说本意，但以“几回”概括六朝，言简意赅，内涵丰富；后句以“山形依旧枕寒流”的写景之笔，生动地表达了“江山不管兴亡恨，一任斜阳伴客愁”（包佶《再过金陵》）的意蕴。

三百年间同晓梦，钟山何处有龙盘？

【注释】出自唐·李商隐《咏史》。三百年间，指从东晋定都金陵到南朝陈亡的两百七十年，说三百年，是概指。晓梦，清晨的残梦，比喻东晋与南朝宋、齐、梁、陈先后存在的五个政权如一场梦那样短暂。钟山，即南京紫金山。龙盘，指金陵（即今南京）地势之雄，典出于诸葛亮见金陵地势后的评论：“钟山龙蟠，石城虎踞，帝王之宅也。”意谓金陵有王气，是称王称帝的好地方。

【译文/点评】此言先后建都于金陵的五个王朝都是短命的政权，钟山何以称得上是虎踞龙盘的王者之都呢？意谓王气、风水之说都是靠不住的，靠得住的是统治者励精图治的治国安邦作为。前句用比喻修辞手法，将六朝三百年朝代的纷纷更迭比作是清晨的残梦，没做完就天明梦破了。既高度概括，又形象生动，让人顿生无限感喟。后句运用设问修辞手法，通过对诸葛亮话的否定来反思历史，说明“兴废由人事，江川空地形”（刘禹锡《金陵怀古》）之理。

三分割据纡筹策，万古云霄一羽毛。

【注释】出自唐·杜甫《咏怀古迹五首》（其五）。纡，屈曲、绕弯。

【译文/点评】前句是颂，说诸葛亮屈处偏僻一隅，为刘备筹划三分天下之策，奠定蜀中局面，功可垂青史。后句是惜，说诸葛亮抱负百未施一，恢复汉室、一统天下之志未遂。生前所立之功与他的实际才能相比，就像是万古云霄中的一根羽毛罢了。一颂一惜之中，真切地再现了诗人瞻仰武侯祠时的复杂心情。

三顾频烦天下计，两朝开济老臣心。

【注释】出自唐·杜甫《蜀相》。频烦，屡屡、频繁、多次。开济，启迪、匡助。

【译文/点评】前句写刘备知人善用、始终不渝的为君风范；后句写诸葛亮鞠躬尽瘁、死而后已的为臣之心。由此，于“不著一字”中提出了一个完美的为君、为臣之道的标准。

山围故国周遭在，潮打空城寂寞回。

【注释】出自唐·刘禹锡《石头城》。

【译文/点评】前句写金陵城除了“周遭在”的群山等自然景物外，六朝的一切均已不在；后句写长江的潮水拍打着金陵城，只有“空城”的“寂寞”回音，暗示六朝繁华亦已不在。由景写情，表达了对六朝往事及其历史教训的深刻感叹。

谁将一女轻天下，欲换刘郎鼎峙心。

【注释】出自唐·吕温《刘郎浦口号》。一女，指东吴孙权之妹孙尚香。刘郎，指刘备。鼎峙心，三国鼎立的志向。

【译文/点评】谁肯为了一个女子而放弃天下？想用美女笼住刘备三分天下的雄心，那是不可能的。此乃慨叹孙权、周瑜嫁孙尚香于刘备，希望他放弃与东吴争天下的计谋是白费心机。

身后是非谁管得，满村听说蔡中郎。

【注释】出自宋·陆游《小舟游近村舍舟步归》。蔡中郎，指东汉蔡邕。

【译文/点评】此句是说汉代左中郎将蔡邕本是一个历史清白之人，也是史上有名的文学家，但事隔千百年，人们却传说他因曾抛弃父母妻子而遭天雷劈死。意谓人死之后，是非功过任人评说，自己已经无可奈何了。

胜败兵家事不期，包羞忍耻是男儿。

【注释】出自唐·杜牧《题乌江亭》。不期，不可预料。

【译文/点评】此言胜败是兵家不可预料的事，也是不可避免的事，正确对待胜败，能包羞忍耻、忍辱负重，才算得上是顶天立地、成得了大业的男子汉。此话是针对项羽失败后不肯过江东而自刎乌江的事抒发的感慨，内含深刻的历史反思与人生哲理。

十年成败一知己，七尺存亡两妇人。

【注释】出自清·吴逢圣题霍县韩侯祠联语。

【译文/点评】此联是概括汉朝开国元勋淮阴侯韩信一生经历的。上句是说韩信从秦末起兵到帮助刘邦建立汉朝政权的十年间，成败皆系于萧何一人。起先是萧何荐他为大将军，后又是萧何与吕后共同设计谋杀了他，故历史上有“成也萧何，败也萧何”的话。下句是说韩信年轻未发迹时漂母怜惜而供饭之事与成功后因反汉而被吕后杀害之事。两句十四字，对仗工整，概括力极强，令人对历史感叹不已，也对诗人遒劲独到的笔力感叹不已。

是非成败转头空，青山依旧在，几度夕阳红。

【注释】出自明·杨慎《临江仙》。

【译文/点评】此言人世间一切的功名富贵，一切的奋斗挣扎，无论成功与失败，无论英雄与小人，到头来都会随着无情的时光而淹没在悠悠逝去的历史长河之中，恰如春梦一场，了无痕迹；只有青山不老，日升日落万古永恒。前句所表达的无常性与后两句所表达的永恒性相对比，从正反两方面强化了怀古阅今的历史感慨之意。虽然不免表露出消极颓废的情绪，却有一份看破红尘纷争、看淡功名富贵的洒脱，倒也是一种旷达的人生观。

逝水悲兴废，浮云阅古今。

【注释】出自宋·吕惠卿《留题兴安王庙》。

【译文/点评】此以拟人修辞手法，将云、水人格化，使其带有人的生命情态（水悲兴废、云阅古今），从而借物而写人的情怀，抒发对历代王朝兴替、人事变迁的感慨之情。

宋家万里中原土，换得钱塘十顷湖。

【注释】出自清·黄任《西湖杂书》。钱塘，指杭州，南宋时称临安，为南宋之都。十顷湖，指西湖。

【译文/点评】此言南朝统治者苟且偷安，不思进取，以放弃大宋中原故土为代价，换得东南杭州一隅的偏安。“万里”与“十顷”，都非实写，而是用了夸张修辞手法，一个往大夸，一个往小夸，以此形成强烈的对比效果，突出强调宋代损失国土之多、偏安地域之狭。诗人对南宋统治者的谴责之意，对历史的感慨之情，尽在其中矣。

孙家兄弟晋龙骧，驰骋功名业帝王。至竟江山谁是主，苔矶空属钓鱼郎。

【注释】出自唐·杜牧《题横江馆》。孙家兄弟，指孙策、孙权兄弟二人。骧，马抬起头快跑。晋龙骧，指像龙马一样腾跃。业帝王，做帝王。至竟，最终。苔矶，指金陵江边坚固的江防工事。

【译文/点评】此言孙氏兄弟虽然英雄了得，但到底也做不了江山永久之主，而今这护卫国都的苔矶也只见钓鱼者而不见吴国水军的踪影了。

桃花流水杳然去，油壁香车不再逢。

【注释】出自题杭州西湖苏小小墓联语。杳（yǎo）然，无影无声的样子。油壁香车，古代女子所坐的一种用油涂饰的车子。

【译文/点评】此联乃集前人名句而成。前句摘自唐人李白《山中答问》诗“桃花流水杳然去，别有天地非人间”；后句取于宋人晏殊《寓意》诗“油壁香车不再逢，峡云无迹任西东”，但语义有所改变。前句以“桃花流水”比喻南齐名妓苏小小的逝去，慨叹一代美人的一去不复返。下句以借代修辞手法，以苏小小所乘的“油壁香车”来代指苏小小，慨叹不能再见美人的遗憾。

天下大势，分久必合，合久必分。

【注释】出自明·罗贯中《三国演义》第一回。

【译文/点评】这是罗贯中的历史观，虽然带有历史循环论的色彩，但也多少说出了历史的真实。纵观中国历史和世界历史，我们可以发现人类社会的发展确实始终逃不过这种循环的宿命。其实，不仅国家如此，现实生活中许多地方都能发现这种分分合合的循环，如现代商业集团的并购与拆分、人际关系的好坏等，何尝不是与此历史规律同出一辙？

天涯烈士空垂涕，地下强魂必噬脐。

【注释】出自唐·韩偓《故都》。烈士，古代指气节刚烈之士。天涯烈士，诗人自称。地下强魂，指唐昭宗时的宰相崔胤。崔胤当初为了铲除宦官势力，重振朝纲而引进朱温兵力，反倒使唐王朝从此掌握在了野心家朱温之手。噬（shì），咬。噬脐，即成语噬脐莫及，意谓后悔莫及。

【译文/点评】前句写活人，自抒流寓在外，处江湖之远，心忧朝政而爱莫能助，徒有一腔报国热情的无奈。后句写逝人，替强势的宰相崔胤可惜，叹其后悔莫及、死不瞑目之悲。由此，在对比中强烈地突显出诗人在大唐王朝行将覆亡之时的爱国、忧国之情。

铁马云雕共绝尘，柳营高压汉宫春。

【注释】出自唐·温庭筠《过五丈原》。铁马，指披着铁甲的战马。云雕，指绘有云彩、老鹰的军旗。绝尘，指奔走神速的样子。柳营，即细柳营，汉文帝大将周亚夫屯兵的军营，后代指纪律严明、戒备森严的军营。汉宫，指汉朝皇帝的宫殿，此指魏国的长安。

【译文/点评】此诗乃诗人遥想当年诸葛亮出兵北伐中原，兵出神速，直逼魏国重镇长安的事，寄托了对诸葛亮事功的赞颂之情。

万古春归梦不归，邺城风雨连天草。

【注释】出自唐·温庭筠《达摩支曲》。

【译文/点评】每年春来春去，万古不变，然而邺城昔日的繁华却一去不返，唯见风雨中荒草连天的景象。此乃触景生情、感怀伤古之笔。

万国笙歌醉太平，倚天楼殿月分明。

【注释】出自唐·杜牧《过华清宫绝句三首》。

【译文/点评】此写唐玄宗沉溺于歌舞升平之中的往事，

其意是在咏史中追索安史之乱之所以发生的深层原因，是寄慨于写景咏史之中。“万国笙歌”是夸张修辞手法的运用，说来自世界各国的歌舞乐曲都汇聚到唐，意在突显大唐的强盛。“倚天楼殿”也是运用夸张修辞手法，强调大唐建筑的雄伟壮观，所要突显的仍是大唐的强盛。“月分明”，是写月色的美好，意在突显天下的宁静。如此多方面地强调大唐的强盛及天下的宁静，让人不禁想起安史之乱突然惊天动地而来的原因，其所寄寓的历史感慨之深可见矣。

万户千门成野草，只缘一曲后庭花。

【注释】出自唐·刘禹锡《台城》。《后庭花》，即《玉树后庭花》，是南朝陈后主所谱之曲，泛指亡国之音。史载，陈后主是历史上有名的荒淫不经之君。在北方的隋日益崛起之时，他不仅不谋国家长久之策，而且还在台城营建了结绮、临春和望仙三座高数十丈的楼阁，置朝政于荒怠而不理，整日在楼上偎红依翠，寻欢作乐，甚至还自谱新曲《玉树后庭花》，填上淫词，让数以千计的美女载歌载舞。最终，隋兵打到都门之下还不自知，结果国破家亡。

【译文/点评】此二句乃怀古咏叹之作。前句的“万户千门”，写的是陈未亡前宫殿建筑的豪华宏大之势；“野草”，写的是陈国破后的荒凉之象。后句的“一曲后庭花”，举陈后主荒淫生活的一个细节，以其所包含的特定音、色形象，暗写出陈后主宫廷生活的荒淫。由此，用“万户千门”对“一曲”、“野草”对“后庭花”两组对比揭示了南朝陈后主亡国的历史教训。感慨深沉，表意婉转，可谓达到了“不著一字，尽得风流”的境界。

万岁千秋谁不念，古之帝王安在哉？

【注释】出自元·张昱《过歌风台》。

【译文/点评】汉高祖刘邦平定天下后，衣锦还乡，与父老击节高歌一曲《大风歌》：“大风起兮云飞扬，威加海内兮归故乡，安得猛士兮守四方。”那是何等的英雄豪迈！而今，刘邦开创的汉朝四百年基业又在何处呢？此言历史是无情的，帝王虽有千秋万代、江山永固之想，但终究是“大江东去，浪淘尽，千古风流人物”。这便是此诗句所要感慨的。

王侯第宅皆新主，文武衣冠异昔时。

【注释】出自唐·杜甫《秋兴八首》（其四）。

【译文/点评】此写安史之乱后唐代政局变动的权力大洗牌，其意是抒发“一朝天子一朝臣”的历史感慨。

文章千古事，社稷一戎衣。

【注释】出自清·朱彝尊《晋祠唐太宗碑题壁》。社稷，指国家。戎衣，代指战士。

【译文/点评】此联是赞颂唐太宗李世民的文治武功的。此联妙在全部辑自于杜甫诗句，且对得天衣无缝，贴切自然。上句取自《偶题》“文章千古事，得失寸心知”，下句源于《重经昭陵》“风尘三尺剑，社稷一戎衣”。

无情最是台城柳，依旧烟笼十里堤。

【注释】出自唐·韦庄《台城》。台城，在三国时期是吴帝的后苑，东晋至南朝则一直是各朝各代的政治中枢与繁华欢娱之区，其旧址在今南京鸡鸣山南。

【译文/点评】六朝早已作古，昔日的台城也早已繁华不再，只存一片荒芜之墟。但台城之柳依旧枝繁叶茂，烟笼十里长堤。前句以“无情”状台城之柳，将杨柳人格化，是诗人感情的移注，表达的是诗人对历史无情的感慨。后句以“依旧”写台城柳“烟笼十里堤”之盛况，表面是赞赏，实则借景抒情，寄寓了“景物依旧，人事如烟”的言外之意。

吴歌楚舞欢未毕，青山欲衔半边日。

【注释】出自唐·李白《乌栖曲》。

【译文/点评】此以青山吞夕阳为喻，说明吴楚君王耽于逸乐，国家的沦亡已在注定之中。此乃借景而咏史，寄寓历名的兴亡之慨。

吴宫花草埋幽径，晋代衣冠成古丘。

【注释】出自唐·李白《登金陵凤凰台》。吴宫，指三国东吴之宫殿。晋代衣冠，指东晋的达官贵人、名流雅人。

【译文/点评】此乃借咏东吴、东晋之事而抒发“岁月无情，繁华如烟，风流难再”的历史感慨。前句以花草为对视点，写吴宫昔日繁华不再；后句以衣冠为抓手，写东晋所谓的名士风流的烟消云散。两句所抒发的感慨之情，虽然没有“特别地指点出来”，但其意则尽在其所写之“幽径”、“古丘”的景象中矣。

吴王事事堪亡国，未必西施胜六宫。

【注释】出自唐·陆龟蒙《吴宫怀古》。吴王，指吴王夫差。堪，能够、可以。六宫，代称六宫的宫女，此泛指一般的后妃。

【译文/点评】吴王所做的事件件都足以亡国，未必就是因为西施比一般的宫妃更有迷惑性。中国古代很多亡国之君皆因耽于女色而亡国，结果都把脏水泼到被宠的后妃身上，所谓“红颜祸水”之说便是例证之一。这里诗人的两句怀古感慨之言，大概就是针对这种成说而发，其对历史的反思值得回味。

舞榭歌台，风流总被、雨打风吹去。

【注释】出自宋·辛弃疾《永遇乐》。榭，建筑在高大土台上的房子。

【译文/点评】此言舞榭歌台尚在，但活动于其中的人物则已不复存在。这是咏史怀古，感叹三国时代东吴孙权的英雄事业随着时光流逝，早已成为历史。

西湖一勺水，阅尽古来人。

【注释】出自清·洪升《己卯春日湖上》。

【译文/点评】此言西湖虽小，但留给后人感慨的事却很多。意在感叹南宋偏安东南之事。“一勺水”、“古来人”，都是运用了夸张修辞手法，前者是“缩小夸张”，意在强调西湖之小；后者是“扩大夸张”，意在突出阅人之多。

昔人已乘黄鹤去，此地空余黄鹤楼。黄鹤一去不复返，白云千载空悠悠。

【注释】出自唐·崔颢《黄鹤楼》。昔人，指传说中骑鹤过此的仙人子安（见《齐谐志》）或费文伟（见《太平寰宇记》引《图经》）。

【译文/点评】此写“古人已去不可见，岁月不居匆匆过”的历史感慨。前两句以“昔人已去”与“黄鹤楼存”的景象对比，加以“空余”二字的强调，将其“人去楼已空”、“斯人独憔悴”的深切感伤展露得淋漓尽致。后两句以“人鹤不再，岁月永恒”的对比，表现出一种世事茫茫的沧桑感与无奈感。

昔时金阶白玉堂，即今唯见青松在。

【注释】出自唐·卢照邻《长安古意》。

【译文/点评】此以昔时“金阶”、“白玉堂”的繁华景象与今日“唯见青松在”的荒寂之景对比，从而突出强调了“时光如流水，繁华似云烟”的历史沧桑。

昔时人已没，今日水犹寒。

【注释】出自唐·骆宾王《于易水送人》。人，此指荆轲，战国时代的侠士，曾前往秦国为燕太子丹刺杀秦王。没，音mò，死。水，此指易水。荆轲往秦时，燕太子丹曾到易水边为他送行，荆轲咏唱“风萧萧兮易水寒，壮士一去兮不复还”。

【译文/点评】荆轲虽早已作古，但如今的易水仍寒意袭人。此乃追忆荆轲刺秦王的事，歌颂其杀身行侠的精神。

惜哉剑术疏，奇功遂不成。其人虽已没，千载有余情。

【注释】出自晋·陶渊明《咏荆轲》。哉，语气助词，相当于“啊”。疏，生疏、不精。遂，就。其人，指战国末期为燕太子丹刺杀秦王的侠士荆轲。千载，千年。

【译文/点评】此言荆轲刺秦王因剑术不精而失败，固然可惜，但是这种不畏强暴的精神则是不死的。这是借咏荆轲刺秦王之事，歌颂义薄云天的侠义精神。

下国卧龙空寤主，中原得鹿不由人。

【注释】出自唐·温庭筠《经五丈原》。下国，指偏处西南一隅的蜀国。卧龙，指诸葛亮。寤，使清醒。得鹿，语出《史记·淮阴侯列传》蒯通所言：“秦失其鹿，天下共逐之。”喻指在争夺江山的斗争中获胜。

【译文/点评】前句说诸葛亮虽是卧龙，但蜀国地处西南偏僻一隅，后主刘禅又非明主，所以诸葛亮的一切努力都是白费的。后句是说北方政权最终一统天下，那是天意。两句配合，表达的是这样一个深层语意：诸葛亮没能实现恢复汉室、一统天下的理想，不是他能力不及，而是天意不在蜀。颂扬之中有惋惜，惋惜之中有无奈。

闲云潭影日悠悠，物换星移几度秋。阁中帝子今何在，槛外长江空自流。

【注释】出自唐·王勃《滕王阁诗》。帝子，指唐高祖李渊之子李元婴。槛，栏杆。

【译文/点评】此写闲云潭影悠悠，阁外江水东流等恒久不变的景象，意在抒发时光无情、景物依旧、斯人不在的历史感慨，以寄寓“大江东流，浪淘尽，千古风流人物”之意蕴。

小怜玉体横陈夜，已报周师入晋阳。

【注释】出自唐·李商隐《北齐二首》（其一）。小怜，北齐后主高纬宠妃冯淑妃的小名。周师，即北周的军队。晋阳，即今山西太原。

【译文/点评】此二句乃是咏史感叹之作。通过超前夸张修辞手法（“周师入晋阳”的军事行动应该在“小怜玉体横陈夜”之后，而“已报”二字却将后一动作提前到前一动作之前），突出强调了北齐“无愁天子”高纬荒淫误国的史实，意在提醒唐朝的当政者当居安思危。至于“小怜玉体横陈夜”一句所写的景象，既能让人浮想联翩、为之着迷，更能让人由此及彼、反省再三。

兴废由人事，江川空地形。

【注释】出自唐·刘禹锡《金陵怀古》。空地形，意指凭借地形是空的、不可靠的。

【译文/点评】国家的兴亡，全取决于人事，而不是靠山川地形。这两句诗以质朴的语言一针见血地道出了这个真理，让人不禁思虑深深。

兴亡谁识天公意，留着青城阅古今。

【注释】出自金·元好问《癸巳四月二十九日出京》。天公意，天意。青城，在汴京（大梁，今河南开封）城南五里。

【译文/点评】金朝兴在青城，亡也在青城，而今北宋不复存在，大金也不复存在了，只有青城见证了这一历史的变迁，这是否就是天意呢？此乃咏叹宋金灭亡如出一辙的历史，意在感慨历史的无情与造化弄人，同时也提醒人们要永远记取这一历史的教训。对于诗句所咏叹的这段历史，元人刘祁在《归潜志》卷七中有清楚的记载：“大梁城南五里，号青城，乃金国初粘罕驻军受二帝（注：指北宋的徽宗、钦宗）降处。当时后妃、皇族皆诣焉，因尽俘而归。后天兴末（注：即金哀宗天兴二年，公元1233年），崔立（注：金汴京守将、西面大元帅）以城降，北兵（注：指蒙古军队）亦于青城下寨，而后妃、内族复诣此地，多僇死。”诗人此诗亦有自注曰：“国初取宋，于青城受降。”

兴亡无限惊心语，说向时人总不知。

【注释】出自宋·赵长卿《鹧鸪天·咏燕》。

【译文/点评】此乃通过咏燕来寄予抚今追昔的历史感慨，与唐代诗人刘禹锡《乌衣巷》“旧时王谢堂前燕，飞入寻常百姓家”之句有异曲同工之妙。

雄发指危冠，猛气冲长缨。

【注释】出自晋·陶渊明《咏荆轲》。指，撑起。危冠，高冠。缨，系冠的带子。

【译文/点评】此写荆轲刺秦王出发时的悲壮气势。

休夸此地分天下，只得徐妃半面妆。

【注释】出自唐·李商隐《南朝》。徐妃，指南朝梁元帝之妃徐昭佩。半面妆，指梁元帝开始不甚宠幸徐妃，而且眼瞎，徐妃故意只化半边脸的妆给他看。

【译文/点评】此言梁元帝虽自鸣得意，夸耀自己能够分得天下半壁江山，可是徐妃则不以为然，因为他眼瞎而只化了半边妆来搪塞他。在感叹梁元帝悲哀命运的同时，也暗嘲了梁元帝妄自尊大、不思进取的人生作为。

烟笼寒水月笼沙，夜泊秦淮近酒家。商女不知亡国恨，隔江犹唱后庭花。

【注释】出自唐·杜牧《泊秦淮》。秦淮，指秦淮河，在今南京市，是古代青楼妓馆等欢娱场所集聚之地。商女，指歌女。亡国恨，指隋灭南朝陈的历史。后庭花，指南朝陈后主所作的《玉树后庭花》乐曲。

【译文/点评】此写夜泊秦淮河所引发的历史感慨以及对

晚唐国运衰微的隐忧。前两句写夜泊秦淮河所见之景，以两个“笼”字写“烟”、“水”、“月”、“沙”所共构的画面之幽静朦胧的格调，突显一种悠远深邃的历史厚重感。后两句写听歌所引发的感慨。“隔江”二字看似写实，实是上溯历史，追忆当年偏安江南一隅的南朝陈与驻师江北的隋朝大军隔江对峙的景象。而“亡国恨”与“后庭花”在句式结构上的对仗，看似形式上的格律要求，实是说明“亡国恨”与“后庭花”之间的因果关系（隋朝的百万雄兵在江北虎视眈眈，而南朝陈后主的后宫里仍是歌舞升平，唱着陈后主自谱的靡靡之音《玉树后庭花》）。“商女不知亡国恨”的指责，看似批评现在唱曲的歌女不懂历史与《后庭花》乐曲的内涵，实是谴责听曲的达官贵人不知时务，只知醉生梦死，心无国事天下事，对眼下唐朝国运衰微的现实完全没有忧患意识。虽然抚今追昔的感慨如此之深，但辞面上完全“不著一字”，真可谓是达到了唐人司空图所说的“不著一字，尽得风流”的至高境界。

摇落深知宋玉悲，风流儒雅亦吾师。

【注释】出自唐·杜甫《咏怀古迹五首》（其二）。宋玉，战国楚文学家，作楚辞《九辩》，其中有“悲哉秋之为气也，萧瑟兮草木摇落而变衰”之句。亦，也。吾，我。

【译文/点评】看到秋风吹落叶、万物萧瑟的景象，这才深深地了解到宋玉之所以悲秋的原因。他辞赋的风流与为人的儒雅，都是值得我们学习的。此乃诗人触景生情、咏史怀古之辞，表现的是千古文人之间的情感与心灵契合。

夜夜月为青冢镜，年年雪作黑山花。

【注释】出自唐·尉迟匡《塞上曲》残句。青冢，指王昭君墓。黑山，在今内蒙古呼和浩特市境内。

【译文/点评】此写王昭君墓独留塞外的孤寂之状：天苍苍，野茫茫，广阔无垠的草原之上，夜夜陪伴青冢的只有一轮高高挂在天上的明月，年年见于黑山之上的只有漫天飞舞的雪花。前句写夜夜有月，意谓“无人”，突出寂寞之意。后句写年年雪花，意谓黑山没有春天，言塞外环境之恶劣。前后两句配合，以景抒情，情由景生，形象地表现了王昭君墓独留塞外的孤寂情景，让人由墓及人，深切地体认到王昭君出塞“和亲”的孤寂之情，从而深刻反省汉王朝“和亲”政策的是非功过。

夜月池台王傅宅，春风杨柳太师桥。

【注释】出自宋·刘子翚（huī）《汴京纪事》（其一）。王傅、太师，分别指宋徽宗时代的权奸王黼（fǔ）与蔡京。

【译文/点评】夜月池台依旧，春风杨柳依旧，王傅宅、太师桥也都在，但王傅、太师何在？此以列锦修辞手法（只以名词叠砌成句，而不用任何虚词的一种表达法），通过景物描写而抒发“物是人非”的历史感慨：江山万物依旧在，弄权奸人又如何？

一骑红尘妃子笑，无人知是荔枝来。

【注释】出自唐·杜牧《过华清宫绝句三首》（其一）。一骑红尘，指一匹马跑过扬起的灰尘。妃子，指杨贵妃。

【译文/点评】此二句是诗人咏史讽刺唐玄宗荒淫误国之作。据《新唐书·杨贵妃传》记载，杨贵妃喜吃新鲜荔枝，而荔枝生于岭南。为了讨得杨贵妃欢心，唐玄宗遂设骑数千里传送，急驰京师，荔枝味不变。“一骑红尘妃子笑”，指的正是此事。“妃子笑”三字，让人想起春秋时代周幽王为博爱妃一笑，烽火戏诸侯的往事。“无人知是荔枝来”，事实上是交代“妃子笑”的原因，但字面上却以“此地无银三百两”的手法，说是“无人知”，不禁让人哑然失笑。千里传骑，如此大事，国人岂能皆不知？如果国人真不知，说明唐玄宗将此事视为国家机密，那就更显荒唐了。“无人知”三个字，无论读者怎么理解，都是对唐玄宗莫大的讽刺。但是，巧妙的是字面上看不出，这便是它表意的含蓄与精深所在。

一片伤心金粉地，落花时节到江南。

【注释】出自清·程之鵔《抵金陵》。金粉地，形容极其繁华奢侈之地，此指古都金陵。

【译文/点评】此写暮春时节到金陵（今南京，六朝皆建都于此）的感慨之情。金陵是“江南佳丽地”，也是自古以来极其繁华的金粉地，何以诗人要伤心呢？是因为看到落花纷纷而起怜春惜春之情吗？否！如果换个别的地方，这倒有可能，到金陵而伤心，则绝不是这个原因，而是因为想到了六朝的往事，想到东吴、东晋与南朝的宋、齐、梁、陈等几个政权都是在繁华之中匆匆谢幕的，这如何不让诗人睹落花而抚今追昔，顿生无限的感慨之情呢？

一千五百年间事，只有滩声似旧时。

【注释】出自宋·陆游《楚城》。

【译文/点评】此乃以折绕修辞手法来表达深切的历史喟叹。言“只有滩声似旧时”，意在言外的内涵是说除了江水还在滔滔不绝地流淌外，世上的一切都改变了，还有谁记得屈原其人及其人对国家的忠心苦心呢？明在说屈原，实际上是在抒发自己的爱国之情不能为南宋统治者所理解的悲哀之情。

一声水调满明月，十里春风半画楼。

【注释】出自宋·王岩叟《扬州感旧怀古》。水调，唐朝流行的曲调，一称《水调子》。

【译文/点评】此写扬州昔日声色歌舞的繁华景象。

忆昔开元全盛日，小邑犹藏万家室。

【注释】出自唐·杜甫《忆昔二首》。开元，唐玄宗年号，从713年到742年，近三十年，是唐代最鼎盛的时代。邑，城。犹，还。

【译文/点评】此写唐玄宗开元年间都市繁华、人口稠密的情景，其意是追忆历史而抒发“盛世不再”、“今不如昔”

的感慨。

英雄气短莫须有，明哲保身归去来。

【注释】出自清·尤侗《题韩蕲王庙》。

【译文/点评】前句说岳飞对于“莫须有”罪名的无可奈何，后句说陶渊明离开官场是明哲保身的好办法。此乃抚今追昔，感慨岳飞命运遭际之辞。

英雄一去豪华尽，唯有青山似洛中。

【注释】出自唐·许浑《金陵怀古》。洛中，指洛阳。

【译文/点评】此言随着当年定都金陵的历朝历代英雄豪杰的不复存在，金陵的浮华也不复存在了。如果要拿金陵与洛阳相比，现在也只有青山看起来还有些相似。意谓英雄功业能几时，浮华人生能几何。虽然意颇消极，但确实道出了历史的真实。

英雄已尽中原泪，臣主元无北伐心。

【注释】出自明·张以宁《过辛稼轩神道》。英雄，指南宋词人辛弃疾。臣主，指南宋的皇帝与大臣。元，原来。

【译文/点评】此写辛弃疾立志报国、恢复中原而终归无望的痛苦之情，以及南宋君臣苟且偷安、不思进取的卑劣作为。在对比中抒发了对南宋兴亡的深切感慨。

于今腐草无萤火，终古垂杨有暮鸦。

【注释】出自唐·李商隐《隋宫》。于今，到现在。终古，自古及今、始终。

【译文/点评】前句说的是一个典故。史载，隋炀帝在长安、洛阳、江都等处都曾大量搜集萤火，以代灯烛之光。据说扬州的放萤院，即是炀帝放萤之处。萤产卵于水边草根，第二年春天由蛹化萤，因此古人以为腐草能化萤。这句话的表层语意是说，到现在腐草中都生不出萤火来；深层语意则是在讽刺隋炀帝荒淫侈靡误国，揭示隋朝覆亡的原因。后句也是用典。史载，隋炀帝开运河，沿河筑堤，堤上遍植杨柳，后人称为隋堤。这句话表面是说，自古及今，每到日暮，隋堤垂柳之上都有乌鸦集居其上。实际要表达的意思是，隋堤虽然可以长存，但隋朝的国运则不能再恢复。前句以“腐草”与“萤火”对举，后句以“垂杨”与“暮鸦”相承，又分别以一“无”一“有”相联系，前后对比，既深责了隋炀帝的荒唐，又渲染了隋亡后的凄凉，从而咏古抒怀，予后世以警示。

玉玺不缘归日角，锦帆应是到天涯。

【注释】出自唐·李商隐《隋宫》。玉玺，皇帝的印，此代指政权。不缘，不是因为。日角，即额头隆起如太阳，此代指唐高祖李渊。李渊起事之前，据说有相士给他相面，说他日角龙庭，有帝王之相。锦帆，指隋炀帝沿运河南游江都所乘龙舟的彩色船帆，此代指隋炀帝的游船。

【译文/点评】此言要不是政权被李唐王朝所取代，隋炀帝的游船肯定是游遍天涯也不知道有停止的时候。其意是批评隋炀帝沉溺于游乐而不问天下疾苦的行为，从而揭示了隋朝灭亡的深刻原因，指陈了为君如何治国安邦之道。

郁孤台下清江水，中间多少行人泪。

【注释】出自宋·辛弃疾《菩萨蛮》。郁孤台，在赣州城西北角，因“隆阜郁然，孤地平地数丈”而得名。清江，即赣江。

【译文/点评】此句乃咏叹南宋初年国势风雨飘摇、人民流离失所之往事。南宋罗大经《鹤林玉露》“辛幼安词”条记载此词创作背景云：“其题江西造口壁词云云，盖南渡之初，虏人追隆祐太后御舟至造口，不及而还，幼安因此起兴。”金人追迫宋隆祐太后尚如此，那么中原百姓四散逃命的慌乱与苦难自可想见矣。清江水中的“行人泪”，即指中原人民家破人亡、妻离子散的辛酸之泪。“郁孤台”与“清江水”，看似单纯的地名与水名，实则是借名达意。因为“郁孤台”从字面上看，就给人一种忧郁、孤寂之感；“清江水”与后句的“行人泪”对应，让人想起的是眼泪。由此，多意蕴的表意，遂造就了词句内涵深邃蕴藉的韵致，读之令人回味无穷。

月下沉吟久不归，古来相接眼中稀。解道澄江静如练，令人长忆谢玄晖。

【注释】出自唐·李白《金陵城西楼月下吟》。沉吟，沉思吟咏。相接，指精神上的相通。解道，体会到。“澄江静如练”，是南朝齐著名诗人谢朓《晚登三山还望京邑》一诗中写长江景色的名句。谢玄晖，即谢朓。

【译文/点评】此乃抒发诗人月下登楼的历史感慨：自古才士皆孤独，世上难得遇知音。前两句直言抒发知音难遇的孤独之情，这是泛写与议论。后两句是特写，通过眼前之景，由此及彼，将“澄江静如练”的名句与它的作者谢朓自然对接起来，从而抒发了缅怀谢朓之情，并在缅怀之中寄寓了引谢朓为知音的意蕴。因为谢朓写此名句时正是被排挤出京的孤独抑郁之时，这与诗人此时的境遇相同。除此，后两句还另有一层弦外之音：当年谢朓离开金陵时写诗的心情我能理解，那么今天我写此诗时的心情又有谁能了解呢？千古孤独之意，尽在其中矣。读之不禁令人感慨系之，抚今追昔，无限伤感。

月中丹桂，自风霜难老，阅尽人间盛衰草。

【注释】出自宋·黄庭坚《洞仙歌》。丹桂，指月亮中传说的桂花树。自，自然。

【译文/点评】此言只有月亮依旧，人间一切都随时间的推移而改变了，意在抒发“天地永恒，人生易老”的感慨。

越只青山，吴只芳草，万古皆沉灭。

【注释】出自宋·姜夔《念奴娇》。

【译文/点评】此言吴越争霸的往事已经烟消云散，勾践、阖闾的成败功业俱已不在，而今只有吴越大地上看不尽的青山、望不尽的芳草，抒发了“江山依旧，物是人非”的历史感慨。

云边雁断胡天月，陇上羊归塞草烟。

【注释】出自唐·温庭筠《苏武庙》。胡天，指匈奴的天空。

【译文/点评】此二句之妙在于通过写景，于“不著一字”中写尽了苏武孤处异国荒塞的深切乡国之思与悲苦之情。苏武为西汉之使，出使匈奴时被匈奴扣留，并迁之于遥远的北海（即贝加尔湖，今属俄罗斯）牧羊十九年，受尽无数磨难。这是众所周知的历史。但是，诗人没有直叙这段历史，而以上面两句诗形象生动地描绘了这样两幅图画：一轮皎洁的明月高悬于广袤无垠的胡天之上，一个孤独的人独自徘徊于月下，目送着南飞的大雁越飞越远，直到云边天际；夕阳西下，荒塞之草如烟，羊群从丘陇之上陆续归来。前一幅画借雁月抒情，表现苏武望雁思归与月下怀乡之情；后一幅画借羊群晚归、塞草无边之景，写苏武困于荒远之地的悲苦生活之状与孤寂无助之情。让人见景生情，思之味之，感叹不已。

折戟沉沙铁未销，自将磨洗认前朝。东风不与周郎便，铜雀春深锁二乔。

【注释】出自唐·杜牧《赤壁》。销，锈蚀。周郎，三国吴将周瑜。铜雀，铜雀台，是曹操建于邺都的歌台，内蓄美女以娱乐。二乔，指东吴乔国公的两个女儿，号为大乔、小乔。大乔嫁孙策，小乔嫁周瑜。

【译文/点评】此言周瑜胜曹操乃是偶然，是得上天之助，其意似乎是在为曹操未能一统天下而遗憾。

指点六朝形胜地，唯有青山如壁。

【注释】出自元·萨都剌《百字令·登石头城》。六朝，指三国的东吴、东晋和南朝的宋、齐、梁、陈，共六个朝代。形胜地，指金陵（今南京，六朝都建都于此）。形胜，指地理位置重要，有地利之便。青山如壁，指金陵地势险要。

【译文/点评】此乃感叹六朝繁华不在，唯有青山依旧之辞。“形胜地”与“六朝”的匹配并举，在强调金陵虎踞龙盘的形胜地利的同时，让人不禁对六朝短命原因作深刻的思考：天意与人事，究竟哪一个更重要？

中兴十世生文叔，后起三分托武侯。

【注释】出自清·阎古古《题汉高庙》。中兴十世，是指光武帝刘秀所建立的东汉政权。文叔，即刘秀，刘秀字文叔。武侯，指诸葛亮，因其曾封为武乡侯。

【译文/点评】此言汉室中兴全赖刘秀的文治武功，汉灭而天下三分全因诸葛亮一人，意在感叹二人左右历史的特殊作用。

周家美化八百年，遗恨黍离诗一篇。

【注释】出自金·李俊民《闻蔡州破》。美化，指用仁义化育万民。黍离，《诗经·王风》中的一篇，内容为哀悼周朝灭亡。《毛诗序》有解题云：“《黍离》，闵宗周也。周大夫行役至于宗周，过故宗庙宫室，尽为禾黍，闵周室之颠覆，彷徨不忍去，而作是诗也。”

【译文/点评】此言周武王取天下，用仁义教化民众，保有八百年江山，但最后也只留下一篇《黍离》的诗篇来悼念他。其言外之意是说，周朝尚且如此，金朝只有一百二十年历史，在历史的长河里又算得了什么呢？除了自己这个金朝遗民抒发一下感慨，还能怎么样呢？一股深切的悲伤之情与一种深深的无奈之感充溢于字里行间，读之不禁让人感慨系之，为之神伤。

朱雀桥边野草花，乌衣巷口夕阳斜。

【注释】出自唐·刘禹锡《乌衣巷》。朱雀桥，在东晋金陵（今南京）秦淮河上，是连接都心与乌衣巷的交通要道，据说指挥过淝水之战的东晋重臣谢安曾在桥上建有装饰着两只铜雀的重楼。乌衣巷，东晋金陵高门士族聚居区。

【译文/点评】此二句乃是咏史感怀之作，其妙在于不直抒本意，而只以写景而为之。通过旧日繁华高贵的“朱雀楼”与今日呈现眼前的“野草花”、旧时达官贵人如云的“乌衣巷”与今天所见“夕阳斜”的晚景两两对比，含而不露、形象生动地宣达了诗句所要表露的主旨，让人睹物思人，由景及事，味之再三。唐人白居易读此诗，曾为之“掉头苦吟，叹赏良久”，看来是有道理的。另外，诗句以“朱雀桥”对“乌衣巷”，不仅工整，而且自然，大有顺手拈来之妙。“野草花”对“夕阳斜”，对仗也非常工整，且有极丰富的意象，与内容上所要宣达的沧海桑田的历史感伤的主旨契合无间。

自古盛衰如转烛，六朝兴废同棋局。

【注释】出自清·劳之辨《眺玄武湖歌》。六朝，指定都于金陵（今南京）的东吴、东晋和南朝的宋、齐、梁、陈等六个王朝政权。

【译文/点评】此以比喻修辞手法写历史上朝代更替的情形。“如转烛”、“同棋局”，都是生活中寻常可见的现象，以此比喻朝代更替、六朝兴衰，既贴切又形象，让人由烛、棋而生发无限的联想，对朝代兴衰的原因思虑深深。

习俗风尚

百里不同风，千里不同俗。

【注释】出自汉·班固《汉书·王吉传》。风，风尚。

【译文/点评】此言相隔一定的距离，风尚习俗就会有所不同。“百里”、“千里”是泛指，非具体所指。

比屋烧灯作好春，先须歌舞赛蚕神。

【注释】出自宋·王千秋《鹧鸪天》。比，挨着。比屋，一家挨着一家。烧灯，指点花灯。赛蚕神，祭祀谢蚕神。

【译文/点评】此写宋代元宵节之时家家点灯庆元宵，户户歌舞谢蚕神的景象，仿佛让我们看到了千年前宋代元宵民俗活动的生动一幕。

长裾连理带，广袖合欢襦。头上蓝田玉，耳后大秦珠。

【注释】出自汉·辛延年《羽林郎》。裾（jū），衣服的大襟。连理带，指两条对称的罗带。广袖，大袖。襦（rú），短衣、短袄。合欢襦，绣有象征男女合欢（如鸳鸯交颈之类）图案的短袄。蓝田玉，产于蓝田的古代名玉。大秦珠，产于西域大秦国的宝珠。

【译文/点评】此乃写汉代女子服饰装扮之句，由此可让我们了解汉代女子的服饰时尚。

常人安于故俗，学者溺于旧闻。

【注释】出自汉·司马迁《史记·商君列传》。溺，沉溺、沉迷。

【译文/点评】普通人习惯于已有的习俗，学者沉迷于前人旧有的学说。这是商君指斥保守派反对变法时所说的话，意谓旧的习惯、习俗难以打破，改革首先就是要转变人的思想观念。

城中好高髻，四方高一丈。

【注释】出自南朝宋·范晔《后汉书·马廖传》。髻，发髻。

【译文/点评】此言东汉时代妇女竞相梳高髻的时尚风气。意谓时尚好趋是有盲目性的，因此有时会走向极端，出现可笑的局面。

村村寒食近，插柳遍檐牙。

【注释】出自宋·仙村人《春日田园杂兴》。

【译文/点评】此写寒食节将近之时家家檐下插挂柳枝的风俗习惯。

洞房昨夜停红烛，待晓堂前拜舅姑。妆罢低声问夫婿，画眉深浅入时无？

【注释】出自唐·朱庆馀《近试上张水部》。

【译文/点评】此诗的高妙之处在于诗人运用象征手法，将自己比作新娘子，将主考官张籍（张籍官任水部郎中）比作公婆，以问丈夫画眉深浅能否讨公婆欢心的细节为抓手，委婉而巧妙地向主考官张籍探问了自己能否考中进士。诗句主旨虽在此，但从中也让我们了解到唐代婚姻生活的习俗，就是新妇过门后，第二天早上要起来拜公婆，而且新妇有画眉的时尚。

伐柯如何？匪斧不克；取妻如何？匪媒不得。

【注释】出自先秦《诗经·豳风·伐柯》。伐，砍伐。柯，斧子柄。如何，怎么样。匪，通“非”，没有。克，能、成功。取，通“娶”，娶妻。不得，不能、得不到。

【译文/点评】砍根树木做斧柄，你看怎么样？没有斧头那不行；娶个妻子怎么样？没有媒人办不到。此以伐木做斧柄需要借助斧头作比，说明男子娶妻需要媒人的道理。说理有力，而且生动形象，同时也让我们看到了自古以来中国男女婚配就有依靠媒人作合的风俗习惯。

风俗之变，迁染民志，关之盛衰。

【注释】出自宋·王安石《风俗》。迁染，影响、改变。

【译文/点评】风俗的变化，不仅可以改变民众的心志，还关乎国家的兴衰。此言在治国安邦过程中，对于风俗要予以足够的重视，对于那些对民众与国家不利的习俗要通过教化予以改变，从而净化民俗，治平天下。王安石是重视改革的政治家，所以才有如此从政治角度看待风俗的见解。

高髻云鬟宫样妆，春风一曲杜韦娘。

【注释】出自唐·刘禹锡《赠李司空妓》。髻，发髻。鬟，古代妇女梳的一种环形发髻。

【译文/点评】此写李司空（李绅）的歌伎杜韦娘时尚的装束与动人的歌艺。从中也可看出唐代达官贵人喜欢蓄养歌女的时尚，以及歌女皆喜学宫中美人高髻云鬟的发式时尚。

浇风易渐，淳化难归。

【注释】出自唐·王勃《上刘石相书》。

【译文/点评】浮薄的风气容易蔓延，淳厚的风尚难以回归。此言社会风气向正面引导很难，向反面转化极易，意在强调习俗风尚对社会、民众的影响作用。

教化可以美风俗。

【注释】出自宋·王安石《明州慈溪县学记》。

【译文/点评】风俗是民众在长期生活中形成的一种习惯或约定俗成的行为规范，是历史的产物，因此有很强的稳定性，对人们有根深蒂固的影响，一般来说是难以改变的。但是，如果通过恰当的教化，还是可以将不好的风俗予以改变，这便是“美风俗”。此言教化对于改变风俗习惯的重要作用。

居楚而楚，居越而越，居夏而夏，是非天性也，积靡使然也。

【注释】出自先秦《荀子·儒效》。夏，指中原地区。是，这。也，句末语气助词。积靡，积习。然，这样。

【译文/点评】居住于楚国的就有楚国人的习俗，居住于越国的就是越国人的风尚，居住于中原地区的就会有中原人的习惯，这不是人的天性，而是从小接触的风俗习俗使他们这样。此言人的生活习俗不是天生的，而是特定的社会环境所造就的，意在强调社会环境对人的影响作用。

居移气，养移体。

【注释】出自先秦《孟子·尽心上》。

【译文/点评】居住的环境可以改变一个人的气质风度，所奉养的条件可以改变一个人的身体情况。此言意在强调环境对人的影响作用。

立身成败，在于所染。

【注释】出自唐·吴兢《贞观政要·慎终》载魏徵语。

【译文/点评】一个人立身处事的成败，与他所沾染的习俗习惯好坏有关。此言环境习俗对人的影响作用，意在劝告诫勉世人要远离不好的习俗，改掉不好的习惯。

门不夜关，道不拾遗。

【注释】出自汉·司马迁《史记·循吏列传》。

【译文/点评】晚上睡觉不必关门闭户，道上遗物无人拾取。这是社会风俗淳厚朴实的理想境界，也是历代统治者都非常向往的。不过，在人类社会还没达到一定的富裕程度，人的思想境界没有达到一定的高度时，这种境界只能是理想，而不能成为现实。正因为如此，这种境界才历来为人所向往。

民俗既迁，风气亦随。

【注释】出自唐·韩愈《送窦从事序》。既，已经。迁，改变。亦，也。

【译文/点评】民俗改变了，社会风气也随之而改变。此言变革民俗对于转变社会风气的重要作用。

年年乞与人间巧，不道人间巧已多。

【注释】出自宋·杨璞《七夕》。

【译文/点评】阴历七月七日为“乞巧节”，中国古代的妇女常于此日晚上陈设瓜果向天上的织女乞求智巧。这本来是一种传统习俗，但是诗人借机生发，从描写妇女乞巧女红技艺的习俗转向指斥当时社会风俗不淳、奸巧机诈横行的现实，自然巧妙，表面看来是顺手牵羊，实则是蓄意而为。

譬犹练丝，染之蓝则青，染之丹则赤。

【注释】出自汉·王充《论衡·率性》引古语。譬犹，就像。练丝，未着色的白丝。蓝，靛蓝，能作颜料的一种植物。丹，丹砂，能作染料。则，就。

【译文/点评】一个人的生活习性就像是一块未着色的白绢，用靛蓝染之就变成蓝色，用丹砂染之就成了红色。此以染色为喻，形象生动地说明了一个道理：一个人的习俗是与他所处的环境密不可分的，有什么样的社会环境就会造就出有什么样习俗的人。

千里不同风，百里不共雷。

【注释】出自汉·王充《论衡·雷虚》。

【译文/点评】此以“同风”、“共雷”为喻，说明相隔较远的两地有着不同风俗的必然性。“千里”、“百里”都是夸张，而非实指，意为距离遥远。

潜移暗化，自然似之。

【注释】出自北齐·颜之推《颜氏家训·慕贤》。

【译文/点评】此言人的思想行为受到他人或环境的影响而在不知不觉中发生了变化，自然由彼此有别而趋同一致了，意谓潜移默化的影响是非常大的。

染于苍则苍，染于黄则黄。

【注释】出自先秦《墨子·所染》。苍，青色。

【译文/点评】一块白布染了青色就变成青色之布，染了黄色就变成黄色之布。此乃以布匹染色为喻，形象生动地说明了一个道理：风俗习惯对一个人有着非常重要的影响作用。

人生莫作女人身，百年苦乐由他人。

【注释】出自唐·白居易《太路行》。

【译文/点评】此乃慨叹女人身不由己的社会地位，所反映的正是中国封建时代女子生活的真实面貌。同时，也从中折射出中国人骨子里那种“重男轻女”思想与习俗的根深蒂固。

人无常心，习以成性；国无常俗，教则移风。

【注释】出自唐·白居易《策林一》。常，固定不变。心，观念、思想。则，就。

【译文/点评】一个人没有固定不变的观念，习染日久便会成为本性；一个国家也没有固定不变的风俗，通过教化就可以改变风尚。此言一个人的观念习惯与一个国家的习俗风尚，都不是固定不变的，而是社会的产物，在特定的社会环境中生成，并可以通过教化来改变。

人之性情，莫不由习。

【注释】出自唐·张九龄《论教皇太子状》。

【译文/点评】人的性情好坏，都是由其习惯决定的。此言习惯对人的性情形成的重要影响作用，意在强调培养人才要重视从良好的习惯开始。这个教育理念与我们今天学校教育重视从小培养学生良好的生活和学习习惯的教育方针是一致的。

入竟而问禁，入国而问俗，入门而问讳。

【注释】出自汉·戴圣《礼记·曲礼上》。竟，同“境”，指国境。禁，指法律法令所禁止的行为或事项。国，指都城。

【译文/点评】进入另一个国家的境内先要了解清楚其法律禁令，进入一个陌生的都城先要请教其习俗风尚，到人家里做客要先打听清楚他们家有什么忌讳。此言为人处世一个最重要的原则就是对他国他人的观念习俗予以尊重。这在现实生活中尤其重要，否则便会处处碰壁。对个人是如此，对国家也是如此。这在国家之间的交往与人际的交往中都有生动的诠释。

入其国者从其俗，入其家者避其讳。

【注释】出自汉·刘安《淮南子·齐俗训》。从，听从、遵从。

【译文/点评】进入他国要遵从他国的风俗习惯，到别人家里要避免触犯人家的忌讳。此言在现实生活中既要尊重别国的风俗习惯，也要尊重别人的隐私权。

三日入厨下，洗手作羹汤。未谙姑食性，先遣小姑尝。

【注释】出自唐·王建《新嫁娘词三首》（其三）。羹，肉做的汤。谙，熟悉。姑，唐代指婆婆。食性，指口味。小姑，指丈夫的妹妹。

【译文/点评】此写一个新娘子在过门三日后开始下厨房为全家做饭的情景。“洗手作羹汤”、“先遣小姑尝”的细节描写尤其生动，前者写出了新娘子一招一式中规中矩的认真态度，后者写新娘子担心自己烧出的饭菜不合婆婆的口味而战战兢兢的心理。诗句虽是着重描写新娘子的形象，但也让我们从中略略看到了唐代社会生活的生动一幕，这就是新娘子过门三日后要进厨房烧饭的民俗。

三月三日天气新，长安水边多丽人。

【注释】出自唐·杜甫《喜达行在所三首》。

【译文/点评】此写唐代三月三日女子曲水踏青的时尚与习俗。

桑柘影斜春社散，家家扶得醉人归。

【注释】出自唐·张演《社日村居》。柘（zhè），一种常绿灌木。春社，古代在立春后第五个戊日祭祀土地神与五谷神以祈丰年的活动。

【译文/点评】此以夕阳西下、桑柘影斜的时间交代与“家家扶得醉人归”的镜头特写，侧笔写出了春社活动持续时间之久及其热闹非凡的情景，给人以广阔的想象空间，也让我们看到了千年以前唐代春社活动的历史影像。

生男如狼，犹恐其尪；生女如鼠，犹恐其虎。

【注释】出自南朝宋·范晔《后汉书·列女传》引鄙谚。如，像。犹，还。恐，怕。尪（wāng），行不正的样子，此指懦弱。

【译文/点评】生下男孩如狼一样的强悍，还怕他会懦弱；生下女孩胆小如鼠，还怕她会凶得像老虎。这是民间对于男孩与女孩性格不同要求的习俗传统。也正因为有这一民俗与文化传统，所以中国人自古以来都有一个共同的价值观：男子之美在于有阳刚之气，女子之美在于有阴柔之致。

世异则事变，时移则俗易。

【注释】出自汉·刘安《淮南子·齐俗训》。则，就。易，改变。

【译文/点评】世道不同，事情就有变化；时代变迁了，风俗习惯也会改变。此言时代与世道变化对世事、风俗变化的影响。

世之质文，随教而变。

【注释】出自晋·陈寿《三国志·魏书·明帝纪》。之，的。质，朴素，此指崇尚俭朴的习俗。文，文采，此指崇尚奢靡的习俗。

【译文/点评】世人有崇尚俭朴与崇尚奢靡等不同的习俗风尚，但这都可以随着教化而改变。此言习俗虽然对民众思想有根深蒂固的影响，但是习俗也是可以通过人为的努力（如教化）来改变的。意谓对不好的习俗要予以改变，即我们常说的“移风易俗”。

天下无不可变之风俗。

【注释】出自清·顾炎武《日知录》卷十三《宋世风俗》。

【译文/点评】此言风俗习惯虽然有很强的稳定性，但是也不是完全不可改变的。意谓对于不好的风俗，统治者应该善加引导或改造，以利于社会的健康发展。

为人莫作女，作女实难为。

【注释】出自唐·张籍《离妇》。

【译文/点评】妇女较之男人有很多先天的弱势，在中国古代，男人稍不高兴就可以休妻。此诗句反映的正是唐代一个女子被丈夫遗弃的痛苦心声。由此，我们也可以清楚地看出重男轻女乃是中国自古及今一以贯之的陋俗。

为尊者讳，为亲者讳，为贤者讳。

【注释】出自先秦《公羊传·闵公元年》。

【译文/点评】为地位显要的人隐讳，为亲近的人隐讳，为有才德的人隐讳。这是中国古代的风俗与文化传统。尽管自古以来，我们都一直倡导要大公无私、大义灭亲，提倡诚信为人，可是，在面对地位尊贵者、关系亲近者及贤能之士的缺点错误时，中国人却都碍于情面而唯恐避之不及。这虽然与中国历代统治者提倡诚信、无私的原则相左，却成了处理人际关系的潜规则，成了一种历史悠久的习俗。谁要是坚持“诚信”、“无私”的原则而违背了这个潜规则，反而会遭到社会舆论的谴责。正因为如此，中国的法制几千年来一直都不能真正得到实施，“人情大于法”、“重人治、轻法治”的弊端始终得不到根除。

文人相轻，自古而然。

【注释】出自三国魏·曹丕《典论·论文》。轻，看不起。然，这样。

【译文/点评】文人之间相互看不起，自古就是如此。这是曹丕所概括的文坛习俗。那么，文人何以彼此看不起呢？骨子里乃是因为文人都有“天下文章唯我好”的心理，因此不管别人的文章才学是否真的好过自己，他都在心里予以排斥。虽然这不是什么客观的态度，也不是文人应该有的雅量，但无可否认，直至今日乃至将来，文人的这种自相轻视的心态也是难以根除的，这是可悲的，也是无奈的。

闻其声而知其风，察其风而知其志，观其志而知其德。

【注释】出自先秦·吕不韦《吕氏春秋·季夏·音初》。声，指乐声。其，它的。

【译文/点评】到了某一地，听听其乐声特点，就可大致了解其地的风俗时尚；观察一下其风俗时尚，就可了解到其地人民的志趣所在；观察其地人民的志趣所在，就可知道其地民众的道德状况。此以顶真修辞手法，层层深入地揭示了乐声与风俗、风俗与志趣以及志趣与道德之间的关系。

析薪如之何？匪斧不克；取妻如之何？匪媒不得。

【注释】出自先秦《诗经·齐风·南山》。析，劈，劈木头。析薪，即劈柴。匪，没有、不。克，能、成功。取，通“娶”。

【译文/点评】劈柴怎么样？没有斧头那不行；娶妻怎么样？没有媒人那不能。这是以比兴修辞手法，由劈柴用斧来引出娶妻得媒，引渡自然，将中国两千多年前已有的婚配制度作了生动揭示。

习俗移志，安久移质。

【注释】出自先秦《荀子·儒效》。移，改变。

【译文/点评】习俗能够改变一个人的心志，安于某种习俗会使一个人改变本性气质。此言习俗对人的重要影响作用。

习于胡则胡，习于越则越。

【注释】出自唐·张九龄《论教皇太子状》。则，就。胡，古代中国对于北方或西北少数民族的称谓，此代指北方。越，在今江浙一带。春秋时代有越国，后代也不断有称“越”的割据政权。此代指南方。

【译文/点评】跟胡人学习便是胡人，跟越人学习就是越人。此言生活于北方边塞之地，便有胡人的习惯；生活于越国，就会有越人的习惯，意谓一个人的习惯是与他成长的环境有关。

箫鼓追随春社近，衣冠简朴古风存。

【注释】出自宋·陆游《游山西村》。春社，古代在立春后第五个戊日祭祀土地神与五谷神以祈求丰年的活动。

【译文/点评】此写春社日将近，村民穿着简朴的古装，击鼓吹箫，操练春社活动的祈祷节目的景象，让我们仿佛看到了千年前宋代迎春社民俗活动的真切一幕。

小头鞋履窄衣裳，青黛点眉眉细长。

【注释】出自唐·白居易《上阳白发人》。

【译文/点评】这是写唐代天宝末年的女子时尚装束：鞋

头尖小，衣裤紧窄，青黛点眉，柳眉细长。读之让人仿佛重回大唐天宝年间，与时下服饰时尚相比，不禁感喟古人的时尚真是引领了几千年的时代潮流。

性相近也，习相远也。

【注释】出自先秦《论语·阳货》。性，指天性、本性。也，语气助词。习，习惯，此指道德行为的日常表现。

【译文/点评】人天生的本性都是相近的，只是由于不同环境的影响与熏陶，后天的道德行为表现就有了很大差距。这是孔子对于人先天素质与后天教育关系的认识，其所体现的教育对人的影响改造作用的思想，今天我们仍在反复强调。

一人善射，百夫决拾。

【注释】出自先秦《国语·吴语》。百夫，百人，泛指很多人。决，扳指。拾，臂衣。决拾，即套上扳指、穿上臂衣，也就是热衷于射箭。

【译文/点评】此言榜样的力量是不可忽视的，一个时代风尚的形成往往是由少数人或某个人引领起来的。

与恶人居，如入鲍鱼之肆，久而不闻其臭。

【注释】出自汉·刘向《说苑·杂言》。鲍鱼，此指咸鱼，有臭味。肆，店铺。

【译文/点评】进入臭气熏天的咸鱼店，开始觉得受不了，时间久了，也就察觉不到其臭味了。与品德不好的人相处，情况也是一样。开始时会对其恶劣的品德有所反感，久而久之，便被他同化了，与他一样，也就不觉得他有什么不好了。此以入鲍鱼之肆为喻，形象生动地说明了环境对人的影响与同化作用，同时也指明了习以为常的事会让人变得麻木的现象。

与善人居，如入兰芷之室，久而不闻其香。

【注释】出自汉·刘向《说苑·杂言》。芷（zhǐ），一种香草。

【译文/点评】进入有兰芷的屋子，开始还觉得有香气沁人肺腑，久而久之，也就感觉不到香气的存在了。与品德好的人相处也一样，时间久了，也就不觉得他有多好了。因为自己也能做到，便觉得平常了。此以入香室为喻，形象生动地说明了环境对人的影响与同化作用，同时也道出了一个真理：任何事物或现象，一旦习以为常便会有麻木之感。

乐听其音，则知其俗；见其俗，则知其化。

【注释】出自汉·刘安《淮南子·主术训》。则，就。化，教化。

【译文/点评】听音乐听它的音调和吟咏的内容，就知道这种音乐所反映的民俗；知道了其民俗习惯，就知道其教化情况。此言从音乐的音调和吟咏内容可以了解不同音乐所反映的民俗习惯。

长于水而安于水，性也。

【注释】出自先秦《庄子·达生》。性，本性。也，句末语气助词。

【译文/点评】生长于水边的人就习惯于和水打交道，这是人之本性。此以人与水的关系为例，意在形象地说明这样一个道理：人的习性与其生长的环境有着密切关系，习惯是由环境造就的。

紫陌红尘拂面来，无人不道看花回。

【注释】出自唐·刘禹锡《元和十一年自朗州召至京，戏赠看花诸君子》。紫陌，此指长安的道路。红尘，指飞尘。拂面，迎面。道，说。

【译文/点评】此写唐代长安民众花季赏花的习俗时尚，以及赏花时那种倾城出动、车水马龙、道路尘土飞扬、人人喜气洋洋的情景。

佛道神仙

安危相易，祸福相生。

【注释】出自先秦《庄子·则阳》。易，转换。

【译文/点评】此言安与危、祸与福都不是一成不变的，而是相互转化的。

百尺竿头须进步，十方世界是全身。

【注释】出自《景德传灯录》卷十。全身，指正果。

【译文/点评】此言修行应该有更高的追求，要朝向“十方世界”的最高境界不断努力，才能修成正果。其实，“百尺竿头须进步”不仅是佛教修行者所要记取的原则，也是红尘俗世中的人们做人做事应该遵循的原则。

避诤不诤，犯而不愠。

【注释】出自《出曜经》卷二十九。诤，直言说出别人的过失。愠，怒。

【译文/点评】避免批评别人，即使与人言语相犯，也要态度温和，克制自己，不要恶语相向。这是佛家教人如何处事的智慧，体现了其“与人为善”的精神，也与儒家“和为贵”的思想相通。

不即不离，无缚无脱。

【注释】出自《圆觉经》。即，接近。离，疏远。缚，指拘束。脱，指放纵。

【译文/点评】对人的态度不过分亲近，也不刻意疏远；做人不畏首畏尾，也不放纵不羁。这是佛家所提倡的做人的境界，也是做人的最高境界。

不展锋芒，如何得胜？

【注释】出自宋·普济编《五灯会元》卷十一。

【译文/点评】此以亮刀露锋为喻，说明一个人要想为世所用、有所作为，就要充分地展露出自己的才能。

不知常，妄作，凶。

【注释】出自先秦《老子》第十六章。常，指自然规律。妄作，指蛮干。

【译文/点评】此言不懂自然规律，任意妄为，必遭大自然的惩罚。这是道家崇尚自然的观点，与现代环境科学的理念相通。

常胜之道曰柔，常不胜之道曰强。

【注释】出自先秦《列子·黄帝》。之，的。道，方法。曰，叫作。

【译文/点评】常胜的方法叫作柔，不会取胜的方法叫作强。此言柔能胜强、柔能克刚的道理，与老庄的思想相通。

处无为之事，行不言之教。

【注释】出自先秦《老子》第二章。

【译文/点评】用“无为”的法则应对世事，用无言的行动来感化别人，此言“与道同体”的圣人之处事原则。

穿杨箭与惊人句，不是临时学得来。

【注释】出自《续传灯录》卷三十一。

【译文/点评】此以箭艺与语艺为喻，说明要在某一方面有过人之处，就要平时努力，并持之以恒。

春色恼人恨不得，黄鹂飞过绿杨荫。

【注释】出自《续传灯录》卷二十五。

【译文/点评】前句写人面对无限春光爱恨交织的复杂心情，后句写黄鹂在绿杨荫里飞行的快乐之景。通过人与鸟面对相同景物而心境不一的对比，突出人情的复杂性，从而暗示出人类需要修行和摒去尘念、返璞归真的重要性。

翠竹风摇声细细，清流投涧响潺潺。

【注释】出自《五灯全书》卷一百七补遗。

【译文/点评】此以“声细细”、“响潺潺”分别写风摇翠竹、清流汇涧之声，让人如闻其声，有身临其境之感，以有声反衬无声，写出了佛家眼中的寂静之美。

大道废，有仁义；智慧出，有大伪；六亲不和，有孝慈；国家昏乱，有忠臣。

【注释】出自先秦《老子》第十八章。大道，指世俗所提倡的仁义、礼仪、忠孝等价值观。六亲，指父子、夫妻及兄弟。孝慈，子女敬爱父母谓孝，父母爱护子女谓慈。

【译文/点评】大道不存，就会有仁义；强调智慧，就有大奸大诈出现；六亲不和睦，才会有孝与慈；国家政治混乱，才会出现挺身而出的忠臣。此言仁义、智诈、孝慈、忠信，都是相对的，是提倡“大道”而不果的产物。意谓提倡“大道”有正面效果，也有负面效应。

大直若屈，大巧若拙，大辩若讷。

【注释】出自先秦《老子》第四十五章。若，像。辩，善于说话、有口才。讷（nè），语言迟钝、不善言辞。

【译文/点评】最直的东西，看起来好像是弯曲的；最精巧的东西，看起来好像有些笨拙；最善于说话的人，看起来好像有些不善言辞。此言真正的“大”就是合于“道”，亦即合于“自然”。因为“自然”，所以看起来就显得平常，并不是那么完美。

道常无为，而无不为。

【注释】出自先秦《老子》第三十七章。

【译文/点评】“天道”好像常常无所作为，只是顺其自然罢了；但是，世界上没有一件事是不受它左右的。此言“无为”就是“有为”，意谓顺应“天道”而自然行事，看似无所作为，但顺“道”而行的结果必然不会违背“天道”，从而有所成就，这便是“无不为”，亦即“有为”。

道可道，非常道。

【注释】出自先秦《老子》第一章。道，第一个“道”，是指道家所说的宇宙自然的本原、法则和规律。第二个“道”，是指“说”、“用语言表达出来”。非，不是。常道，恒久不变的“道”。

【译文/点评】“道”，是可以用语言表达出来的；但是，能用语言表达出来的“道”，就不是恒久不变的“道”了。此言事物本体与现象之间的关系，体现了道家对于事物本体与现象之间关系的认识。

登昆仑兮四望，心飞扬兮浩荡。

【注释】出自先秦·屈原《楚辞·九歌·河伯》。昆仑，山名，黄河的发源地。兮，语气助词，相当于“啊”、“呀”。

【译文/点评】登上昆仑极目望，心绪飞扬情浩荡。这是写河伯（黄河之神）登上昆仑山极目远眺时，心情激动、思绪飞扬之情，采用的是拟人修辞手法，将河伯人格化，让人顿生亲切感。

发从今日白，花是去年红。

【注释】出自宋·普济编《五灯会元》卷十。

【译文/点评】花红应该是年年一样的，不会有什么区别。之所以有“花是去年红”的主观感受，那是因为“发从今日白”。这是对时间又过去一年的叹息，表达了对逝去岁月的无限哀惋之情。

反者道之动，弱者道之用。

【注释】出自先秦《老子》第四十章。道，道家所说的宇宙自然的法则与规律。

【译文/点评】事物总是向相反的方向转化，这是“道”的运动规律；事物的薄弱环节正是潜伏着发展生机之所在，这是“道”发挥作用的表现。此言事物的发展规律总是从一个极端走向另一个极端，强与弱之间总是相互转化的。这便是老子“物极必反”、“用弱即用强”的哲学观。

风前有恨梅千点，沙土无人月一痕。

【注释】出自《五灯全书》卷一百五。

【译文/点评】此乃佛家眼中的静美之境：风吹梅花飘，月明静无声。

风声、水声、虫声、鸟声、梵呗声，总合三百六十天钟鼓声，无声不寂；月色、山色、草色、树色、云霞色，更兼四万八千丈峰峦色，有色皆空。

【注释】出自浙江天台山方广寺联语。梵（fàn），指梵语，古代印度的一种语言。梵呗（bài），佛教徒念经的声音。总合，总共。寂，寂灭。

【译文/点评】上句极力铺排各种自然界的声音与人声（梵呗声、钟鼓声），目的是通过对比来强调佛家“无声不寂”的观点，即认为世界上的一切都会走向消亡。下句极力铺排自然界万物的颜色，目的是通过对比来说明“有色皆空”的佛家观点，即认为客观世界（自然界的各种颜色）与主观世界（女色、情欲）的一切归根结底皆是“空”，其意是劝人对俗世上的一切不要太执着，应该看开些。

扶过断桥水，伴归明月村。

【注释】出自《人天眼目》卷六。

【译文/点评】此写夜归的静谧之境。虽然字句中不见“人”字，但“扶”、“伴”两个动词的使用，则使相扶过桥、结伴而归的两个夜归之人跃然浮现于读者的眼帘之中。“断桥水”之声、“明月村”之景，形声兼备，更使画面增添了无尽的情趣。

功遂身退，天之道也。

【注释】出自先秦《老子》第九章。遂，成功。天，指天然。道，指规律。也，句末语气助词，帮助判断。

【译文/点评】所要努力实现的功业已经成功，便急流勇退，这是自然规律。此言做人要懂得见好就收，在人生的路途上作一个优美的转身比什么都好。其意是在劝勉世人千万不要贪恋富贵权位，大功告成之日就应该当机立断，从权势富贵的世俗圈内退出，回归自然，做一个逍遥自在的人；之所以要立功做大事，那只是为了证明自已有这个能力，而不是为了权位或富贵。这是道家的思想，非常富有哲理。揆之于历史，我们对老子此语更能作深刻的理解。比方说，为汉高祖刘邦争夺天下建立了不世之功的“三杰”：萧何、张良及韩信，其结局的巨大反差就为老子此话作了生动的注脚。张良功成后立即隐退，而韩信、萧何则贪恋富贵继续为官，结果韩信因功高震主而被杀；萧何晚节不保，因帮助吕后出谋划策，成了刘邦、吕后诛杀功臣韩信的帮凶，在历史上留下了“成也萧何，败也萧何”的恶名。

孤鸟离群哀，龙象独游苦。

【注释】出自《佛所行赞》。

【译文/点评】此以孤鸟离群、龙象独游之哀苦为喻，形象生动地阐明了这样一个道理：为人处世，朋友不可少。这个道理，相信每个人都是能够体认的。因为人是社会的人，生活遇到困难时需要人相助，成功快乐时需要有人与之分享，失意痛苦时需要有人抚慰。同时，作为社会的人，如果想得到自身的发展，也是需要社会群体的互动的。

观风知浪起。

【注释】出自宋·普济编《五灯会元》卷十一。

【译文/点评】此以观风知浪为喻，说明观察事物要善于进行由此及彼的推理，从而见微知著，防患于未然。

贵以贱为本，高以下为基。

【注释】出自先秦《老子》第三十九章。本，根本。

【译文/点评】贵是以贱为根本的，高是以下为基础的。此言贵与贱、高与下是相反相成的关系，是互相依存的，没有贱就没有贵，没有下就没有高。

国之利器不可以示人。

【注释】出自先秦《老子》第三十六章。利器，指政权或军队，或说指治国权谋。示，告诉，显示。

【译文/点评】此言治国的权谋不能让人洞晓，否则便会引起野心家的觊觎，从而引起天下纷争，让百姓不宁。

好面誉人者，亦好背而毁之。

【注释】出自先秦《庄子·盗跖》。

【译文/点评】此言喜欢当面说人好话的人，极有可能也是喜欢背后诋毁他人的人。

好心无好报。

【注释】出自《景德传灯录》卷十七。

【译文/点评】此言是基于佛家善恶必有报的思想而来，

虽然否定了“有善因必有善果”的说法，但立足点仍在“因果报应”思想的基础之上。

鹤冷移巢易，龙寒出洞难。

【注释】出自宋·普济编《五灯会元》卷十一。

【译文/点评】此以鹤与龙在寒冷的情形下移动的难易度为喻，说明事物大小强弱各有其利弊的道理。

鹤行松径雨，僧倚石阑云。

【注释】出自元·周权《溪村即事》。

【译文/点评】此以“鹤”与“僧”、“松”与“石”、“雨”与“云”两两相对，营构出一个超凡脱俗的境界，从而衬出僧人超脱的人生境界。

花烂漫，景喧妍，休说壶中别有天。

【注释】出自《续传灯录》卷二十八。休，不要。

【译文/点评】此以花景之美与壶中天地比较，说明了这样一个道理：为人不应该局限于自己的小天地，要有放眼看世界的胸襟，才不会做井底之蛙。

画鼓连槌响，耳畔不闻声。

【注释】出自宋·普济编《五灯会元》卷六。槌（chuí），敲击的器具。

【译文/点评】此以画鼓不闻声为喻，说明画饼不能充饥、理论不能代替实践的道理。

祸莫大于不知足，咎莫大于欲得。

【注释】出自先秦《老子》第四十六章。

【译文/点评】祸患没有大于不知满足的，罪过没有大于贪得无厌的。此言欲望是最大的祸患，清心寡欲才能减少灾祸。

祸兮，福之所倚；福兮，祸之所伏。

【注释】出自先秦《老子》第五十八章。兮，句中语气助词，帮助停顿。之，句中语气助词，用在主谓语之间，取消句子的独立性。倚，靠。伏，潜伏、隐藏。

【译文/点评】祸是与福紧密相邻的，福就隐藏在祸之中。此言“物极必反”、“祸福相因”的道理，意谓时空条件改变，事物往往向相反的方向发展，因此凡事应当适可而止。

击水鱼头痛，穿林宿鸟惊。

【注释】出自宋·普济编《五灯会元》卷十二。

【译文/点评】此以击水伤鱼、穿林惊鸟为喻，说明事物之间都是互相联系的，因此为人处世要注意局部与整体的关系。

积善逢善，积恶逢恶。

【注释】出自明·冯梦龙《古今小说·沈小官一鸟害七命》。

【译文/点评】此言与“善有善报，恶有恶报”同义，意在宣扬佛家因果报应的思想，劝人行善戒恶。

既是大商，何求小利。

【注释】出自宋·普济编《五灯会元》卷六。

【译文/点评】此以做生意为喻，说明成大事要着眼于大处的道理。

佳人睡起懒梳头，把得金钗插便休。大抵还他肌骨好，不涂红粉也风流。

【注释】出自《增集续传灯录》。

【译文/点评】此以美人天生丽质，不必刻意打扮，就会楚楚动人为喻，说明“本质最重要，自然就是美”的道理。

涧松千载鹤来聚，月中香桂凤凰归。

【注释】出自宋·普济编《五灯会元》卷六。

【译文/点评】此以松高桂香引鸟为喻，生动形象地阐明了一个道理：好的环境对人有着极大的吸引力。引申之，也可以说，若要招贤纳士，便要营造一个好的用人、留人环境。

将欲去之，必固举之；将欲夺之，必固与之。

【注释】出自先秦《老子》第三十六章。

【译文/点评】要想根除它，一定要暂时让它发展兴旺；要想夺取它，一定要先不吝啬地给予它。此言“物极必反”的道理，教人以柔弱自处。

金玉满堂，莫之能守。

【注释】出自先秦《老子》第九章。

【译文/点评】财富再多，也是难以守着它千秋万代的。此言事物总是向着其相反的方向运动的。这话虽是讲顺应天道、知所进止的道理，但对人们如何建立正确的财富观也是有教益的。

净地何须扫，空门不用关。

【注释】出自福州涌泉寺山门联语。

【译文/点评】此联意在强调佛家以万事皆空的理念，否定人世间一切人为的努力。

救人一命，胜造七级浮屠。

【注释】出自明·冯梦龙《古今小说·月明和尚度柳翠》。浮屠，指宝塔。

【译文/点评】此言救人性命远比虔诚敬佛施舍更能体现礼佛的宗旨，意在劝人行善。

绝圣弃知，大盗乃止；擿玉毁珠，小盗不起。

【注释】出自先秦《庄子·胠箧》。知，通“智”。乃，才。

【译文/点评】弃绝圣人与智慧，大盗才会消灭；把珠玉毁掉扔掉，小盗就会绝迹。此言提倡智慧、崇拜圣人，其结果就是大盗横行、小盗不绝，意谓绝圣弃智就不会再有用尽心机而争权夺利的事了。

君子千里同风。

【注释】出自宋·普济编《五灯会元》卷七。

【译文/点评】此言是道德高尚的君子，无论身在何处，都可为人楷模，受到人们的尊重与景仰，意在勉励世人应加强自身的道德修养。

朗月当空挂，冰霜不自寒。

【注释】出自宋·普济编《五灯会元》卷九。

【译文/点评】此言冰霜寒冷与否，那是人的感觉。只要心中有朗月，自然冰霜也不寒。这是强调人的主观意志的重要性。佛教讲究心灵的修炼，故有此语。

邻国相望，鸡犬之声相闻，民至老死不相往来。

【注释】出自先秦《老子》第八十章。

【译文/点评】邻国都能望得见，彼此的鸡鸣狗吠之声都能听得到，但老百姓之间一辈子也不往来。这是老子所设想的“理想国”模式，即国家不要太大，人口不要太多，没有战争，不用智慧，让人民自理，自得其乐，一切听凭自然。

落叶知流水，归云识旧峰。

【注释】出自《续传灯录》卷二十五。

【译文/点评】此以落叶与流水、归云与旧峰的关系，比喻只有知己朋友才最了解自己。

每日十条线，长年一衲衣。

【注释】出自宋·普济编《五灯会元》卷八。衲（nà）衣，僧人穿的衣服。

【译文/点评】此以积线成衣为喻，说明长期积累、持之以恒地努力对于事业成功的意义。

民不畏死，奈何以死惧之？

【注释】出自先秦《老子》第七十四章。畏，怕。奈何，如何。之，指民。

【译文/点评】老百姓是不怕死的，怎么以死来吓唬他们呢？此言治国要用仁义，不能靠武力，意在倡导以仁政治国安邦。

名也者，相轧也；知也者，争之器也。

【注释】出自先秦《庄子·人间世》。也，句中语气助词，帮助停顿。……者，……也，古汉语的一种判断句形式，相当于“……是……”。轧，倾轧、排挤。知，同“智”。器，工具。

【译文/点评】名誉，是引起人相互倾轧的祸根；智慧，是人们你争我夺的工具。此言名誉与智慧都不是什么好东西，应该摒弃。如此，人类社会才会安宁。这是道家主张“与世无争”的观点。

命如叶上露，有生会当灭。

【注释】出自《大庄严论经》。

【译文/点评】此以叶上露比喻生命的短暂与转瞬即逝，在叹息生命短暂的同时，也诫勉了世人应当珍惜时光，要让有限的生命放射出绚丽的光芒。

莫轻小恶，以为无殃；水滴虽微，渐盈大器；凡罪充满，从小积成。

【注释】出自《出曜经》卷十八。盈，满。器，器皿。

【译文/点评】此以滴水而满器为喻，形象地说明了不要轻视小过，以免积小成大，终至酿成大罪的道理。意在诫勉世人从细微处防微杜渐，向善远恶，加强自身的道德修养。

莫轻小善，以为无福；水滴虽微，渐盈大器。

【注释】出自《出曜经》卷十八。盈，满。器，容器。

【译文/点评】此以滴水而满器为喻，形象地说明了修身向善要从小处做起的道理。

鸟栖林麓易，人出是非难。

【注释】出自宋·普济编《五灯会元》卷六。出，跳出、远离。

【译文/点评】此言人世复杂，人际关系最难处理，要想完全摆脱是非，那是不可能的。因此，为人就必须有达观的态度。

飘风不终朝，骤雨不终日。

【注释】出自先秦《老子》第二十三章。飘风，指狂风。骤雨，暴雨。

【译文/点评】狂风吹不了一个早晨，暴雨下不了一整天。此言引申之，常比喻突发的情况难有持续力，影响有限。

其心常清静，堪受于大事。

【注释】出自《十住经》卷一。

【译文/点评】此言遇事冷静，才能堪受大事，成就大业。我们常说“冷静是做领导的基本品质”，说的正是这个道理。因为人在冷静之时，才能保持清醒的头脑，才会虑事周密，处事得当；否则，便会因心躁而自乱方寸，终要坏了大事。

企者不立，跨者不行。

【注释】出自先秦《老子》第二十四章。企，踮起脚尖。跨，迈大步。

【译文/点评】踮起脚尖站不久，迈开大步走不远。此以站走为喻，说明非正常行为难以持续的道理。

青山元不动，浮云任去来。

【注释】出自宋·普济编《五灯会元》卷四。元，原。

【译文/点评】此言只要有定力和坚定的信念，就不会为外物所惑，就会持身端正。

青松盖不得，黄叶岂能遮？

【注释】出自宋·普济编《五灯会元》卷十二。

【译文/点评】此以黄叶难盖青松为喻，说明品德高尚的人是不怕别人诬陷诋毁的。

轻诺必寡信，多易必多难。

【注释】出自先秦《老子》第六十三章。寡信，少信任。多易，低估事情的难度。

【译文/点评】轻易许诺，就一定难以兑现诺言，结果就会有信任危机；总是把事情看得太简单，就会在处理的过程中觉得困难重重。此言意在提醒世人为了取信于人，切不可轻易许诺；为了顺利地完成艰巨的工作，就应事先把问题想得周全些。

劝君不用镌顽石，路上行人口似碑。

【注释】出自宋·普济编《五灯会元》卷十七。镌(juān)，刻。

【译文/点评】此言不必树碑立传，一个人的好坏，大家自然心中有数，众人之口便是刻录一个人好坏的碑亭。意在劝人要加强自身修养，多为善，少作恶。

劝君莫作亏心事，古往今来放过谁。

【注释】出自明·冯梦龙《古今小说·沈小官一鸟害七命》。

【译文/点评】此言作恶的人都逃脱不了应有的惩罚。这体现了佛家“善有善报，恶有恶报”的因果思想，意在劝人行善戒恶。

人皆知有用之用，而莫知无用之用。

【注释】出自先秦《庄子·人间世》。

【译文/点评】一般人都知道有用之物的用处，而不知道看起来是无用之物的用处可能更大。此言“无用即是有用”，是道家的思想，与老子“无为即是有为”的思想是一致的，都是强调事物的相对性与相反相成的关系。

人无心合道，道无心合人。

【注释】出自宋·普济编《五灯会元》卷十。道，指真理。

【译文/点评】人若无心去追求发现真理，真理也永远不会反过来主动呈示于人。此言真理虽是客观存在，但也需要有人去追求发现。

如人饮水，冷暖自知。

【注释】出自宋·普济编《五灯会元》卷二。

【译文/点评】此以饮水为喻，说明只有经过亲身实践，才能对某件事情有切身体会及深刻的体认。

若不蓝田射石虎，何人知是李将军。

【注释】出自《五灯全书》卷一百十三。李将军，指汉代名将李广。

【译文/点评】此以李广射石虎的典故，说明这样一个道理：要想被别人了解和承认，你就得将自己的能力充分表现出来。

若说神仙求便得，茂陵何事在人间。

【注释】出自唐·罗邺《望仙》。若，如果。茂陵，汉武帝之墓。

【译文/点评】此言神仙之说是靠不住的，不然汉武帝就不会死后埋在茂陵了，意在嘲讽汉武帝相信神仙之说的荒唐可笑。

塞北千人帐，江南万斛船。

【注释】出自宋·普济编《五灯会元》卷十一。

【译文/点评】此言地理条件不同，习俗就会不同。比喻引申之，也可以说明因地制宜应对世事的重要性。

山非自高，所以高者，泽下；夏非自暑，所以暑者，冬寒。

【注释】出自《十门辨惑论》。所以，……的原因。泽，聚水的洼地。

【译文/点评】山并非本来就显高，之所以显高，那是因为有低洼之泽作参照；夏天并不是那么炎热，之所以觉得热，那是人们将冬天的寒冷与之作比较。此以山泽相形、冬夏比较，说明“有比较才有鉴别”的道理。

山悠悠也水悠悠，一杖雪深任自游。

【注释】出自《五灯全书》卷一百零五补遗。也，句中衬字，无义。

【译文/点评】此写置身于山水之间、行吟于风雪之中的闲适超脱境界。

善恶到头终有报，只争来早与来迟。

【注释】出自明·施耐庵《水浒传》第一百一十九回。

【译文/点评】此言善恶终有应得的报应，意在劝人行善戒恶。此乃是佛家因果的思想。

善有善报，恶有恶报。不是不报，时辰未到。

【注释】出自元·无名氏《来生债》第一折。

【译文/点评】此乃佛家因果报应的观点，意在劝人多行善、莫做恶。

上善若水。水善利万物而不争，处众人之所恶，故几于道。

【注释】出自先秦《老子》第八章。善，指道家所说的一种道德境界，即“上善之德”。若，像。处，停留。恶，不喜欢。故，所以。几，接近。道，指道家所说的宇宙自然的本原、法则、规律。

【译文/点评】最高境界的“善”，应该像水一样。水的“善”德在于有利于万物，却不与万物相争；停留于众人所不喜欢的低洼肮脏之处，而无怨言。这种道德境界差不多就接近“道”了。此以水为喻，形象地说明了“上善之德”的特征，让人清楚地领会到道家所说的“道”的内容。

身是菩提树，心如明镜台。时时勤拂拭，莫使惹尘埃。

【注释】出自宋·普济编《五灯会元》卷一。菩提树，桑科常绿乔木，原产于印度。

【译文/点评】此以明镜台为喻，强调加强自身修养，抵制不良观念侵扰的重要性。禅宗六祖慧能改此诗曰“菩提本无树，明镜亦非台。本来无一物，何处惹尘埃”，境界比此更高。

身死名俱灭，皆由贪欲故。

【注释】出自《佛所行赞》卷三。

【译文/点评】身败名裂，向来皆是由于贪欲所引起。或是贪权，或是贪利，或是贪色，但不管是贪什么，贪得过分，自然滑出为人处世的规范之外，终为社会所不齿、所不容，自是必然之理。佛家劝勉世人戒贪，其意是普度众生，让人免堕罪恶之渊。

深秋帘幕千家雨，落日楼台一笛风。

【注释】出自唐·杜牧《题宣州开元寺水阁，阁下宛溪，夹溪居人》。

【译文/点评】秋雨绵绵似帘幕，千家万户秋色中；夕阳西下楼台上，一缕笛声随风送。此写开元寺所见秋色风光。笔触空蒙淡远，观赏景物的眼光别具一格。前句写雨，以“帘幕”喻秋雨之绵绵的形象，营造的是一种空蒙的意境；后句写落日与笛声，视觉与听觉形象并置，让人有如见其形、如闻其声的现场感。

神仙有无何渺茫，桃源之说诚荒唐。

【注释】出自唐·韩愈《桃源图》。桃源，指晋人陶渊明《桃花源记》所写世外仙境。

【译文/点评】此言桃花源式的世外仙境是不存在的，神仙、仙界之说都是不足信的。意在告诫世人要打破成仙长生的幻想，正视现实。

甚爱必大费，多藏必厚亡。

【注释】出自先秦《老子》第四十四章。爱，吝啬。厚亡，多失。

【译文/点评】对钱财越是舍不得，就一定越破费得多；只知道积聚，一定会损失更多。此言开源与节流、聚财与理财的关系。意谓死钱要变活，死守便会贬值。这一符合现代理财的理念观点，相当精辟。

圣人无常心，以百姓心为心。

【注释】出自先秦《老子》第四十九章。圣人，此指开明的君主。常心，指固定不变的心。

【译文/点评】开明的君主没有固定不变的心，一切以老百姓的心愿为依据。此言时刻记挂老百姓需要的人才是圣主明君，意在劝统治者应该爱民。

圣人之道，为而不争。

【注释】出自先秦《老子》第八十一章。之，的。道，指原则。为，做。

【译文/点评】圣人做人的原则是认真做事，而不与人相争。这是道家“与世无争”的观点。

圣贤无全德，君子无全能。

【注释】出自《镡津文集》卷六。

【译文/点评】此与“金无足赤，人无完人”同义，皆言人在道德修养、才干能力方面的局限性。

守志不移动，犹众川归海。

【注释】出自《佛本行经》卷一。犹，就像。

【译文/点评】此以百川归海永不回头为喻，意在强调人须守志不移的主旨，也就是要求达到孟子所说的人格境界：“富贵不能淫，贫贱不能移，威武不能屈。”

树荆棘得刺，树桃李得荫。

【注释】出自明·冯梦龙《警世通言·老门生三世报恩》。树，种植。荆棘，有刺的灌木。

【译文/点评】此以种树为喻，形象地说明了做人应该多行善、少作恶的道理。此与俗语“种瓜得瓜种豆得豆”同义，带有佛家因果报应的思想色彩。

思惟筹量论其实，明了其理而后行。

【注释】出自《杂宝藏经》卷三。思惟、筹量，皆是“思考”之义。

【译文/点评】此言思考问题要追究其实质，想清楚其中的道理后再去行动。意谓做事不要草率冒失，要三思而后行。

松柏千年青，不入时人意；牡丹一日红，满城公子醉。

【注释】出自《续传灯录》卷三十五。

【译文/点评】此以青松与牡丹相对比，批评世俗之人不会独立思考，不知分辨好坏，只知盲目从众的人性弱点。

虽处秽恶，无所污染，犹如明珠在沙碛中，犹如莲花在浊水中。

【注释】出自《元阳妙经》卷五。秽恶，污秽恶浊的环境。犹如，好像。沙碛（qì），沙漠。

【译文/点评】虽然处于污秽恶浊的环境之中，但是不为污浊的环境所污染，就像明珠出于沙漠，就像莲花出于污水。此以明珠在沙漠中、莲花在污水中的形象为喻，说明君子修身的关键在于洁身自好、不与流俗同流合污的道理。

贪欲生忧，贪欲生畏。

【注释】出自《法句经》。

【译文/点评】此言贪欲是使人心生忧畏之心的根源，与“无欲则刚”正好相互发明。因为人有贪欲，便会做出犯规亏心之事；有了犯规之举与亏心之感，就会对别人有所畏惧，做人就挺不起腰杆。反之，没有贪欲，就不会做出什么亏心之事，也不会有什么可以成为别人要挟的把柄，自然心无所惧，能够刚直得起来。

天地有大美而不言，四时有明法而不议，万物有成理而不说。

【注释】出自先秦《庄子·知北游》。大美，大功德。明法，指明显的规律。成理，指万物生成的规律。

【译文/点评】天地有养育万物的大功而无言，四时运行非常有规律而不议论，万物生成有其规律而不言说。此乃歌颂天地万物无私之辞，意在强调人类应该取法于天地万物，学习其无私的品德。

天网恢恢，疏而不失。

【注释】出自先秦《老子》第七十三章。恢恢，广大无边之貌。

【译文/点评】“天道”就像是一张大网，看起来稀疏有缝隙，其实是没有什么东西可以从中漏出去的。此言“天道”的精密与恢宏。成语“天网恢恢，疏而不漏”即源于此，后来多用来形容恶人难逃正义与法律的惩罚。

天之道，损有余而补不足；人之道，则不然，损不足以奉有余。

【注释】出自先秦《老子》第七十七章。天之道，指自然界的运行规律。人之道，指人类社会的处事方式。

【译文/点评】天道的法则是减省多余的来补充不足的，而人道则不是这样，是减损不足的来奉赠有余的。此言“天道”与“人道”的区别，意在提倡人类向“天道”学习，以自己之有余而补天下之不足。

万物有性情，古今有死生。

【注释】出自《镡津文集》。

【译文/点评】此言人有死生与万物有生灭一样，都是自然规律。认识到这一点，对生死问题自然能够比较坦然地面对。

网底游鱼，龙门难渡。

【注释】出自宋·普济编《五灯会元》卷十一。

【译文/点评】此以游鱼落网为喻，说明要改变命运，就要摆脱不良环境对自己的制约。

为人所爱敬，皆由己所造。

【注释】出自《出曜经》卷九。

【译文/点评】此言自己在众人眼中是什么地位是由自己的所作所为自然形成的。此与“种瓜得瓜，种豆得豆”、“一分耕耘一分收获”等格言有异曲同工之趣，强调的都是对自身的要求。

为无为，则无不治。

【注释】先秦《老子》第三章。为，做。无为，指清静无为、不折腾。则，那么、就。

【译文/点评】用“清静无为”的原则做事，那么天下就没有治理不好的事情。此乃老子所提出的“清静无为”、“无为而治”的思想。

唯不争，故无尤。

【注释】出自先秦《老子》第八章。唯，只有。故，所以。尤，罪过、过错。

【译文/点评】只有与人无争，才能没有过失。此言“清静无为”的意义。

蚊子上铁牛，无汝下嘴处。

【注释】出自宋·普济编《五灯会元》卷九。上，飞上。

【译文/点评】此以蚊子不能叮咬铁牛为喻，说明加强自身修养才是阻止他人或恶习侵染的根本途径。

无病第一利，知足第一富。

【注释】出自《出曜经》卷二十二。

【译文/点评】身体健康便是最大的利益，知足常乐便是最大的财富。此语与今日流行的“无病便是幸福，健康便是财富”同义，皆是强调健康的身体与快乐的心情对于人的重要性。

无厌有何足，不足有何乐？无乐有何爱，无爱有何乐？

【注释】出自《出曜经》卷十八。

【译文/点评】一个人的贪欲太甚就不会有满足之时，而不知满足，也就不会有什么快乐可言；而一个人没有快乐的感受，也就不会有爱人之心；而没有爱人之心，别人也不会爱他，他也不会得到快乐。此以顶真修辞手法，层层递进地阐明了欲望与快乐、爱的关系，意在诫勉世人要安贫乐道，要知足常乐，要有爱人之心。

无欲无所畏，恬淡无忧患。

【注释】出自《法句经》卷三十。

【译文/点评】没有贪欲之心，自然对人无所求；对人无所求，自然无所惧。有恬淡之心，自然有与世无争的雅量；既然与世无争，人也不与之争，自然没了忧患。此为佛家劝人戒欲刚直、恬淡自乐的话，虽显消极，但不乏智慧。

无诸悭吝，亦无所畏。

【注释】出自《添品妙法莲华经》卷七。

【译文/点评】对金钱没有什么欲望，也就无所畏惧。这与我们所常说的“无欲则刚”是同义语，皆是教导人们不要为金钱所累，刚直为人。

物不至者则不反。

【注释】出自先秦《列子·仲尼》。至，最。则，就。

【译文/点评】此言事物不发展到极致，那么就不会走向反面。成语“物极必反”即源于此。

物或损之而益，或益之而损。

【注释】出自先秦《老子》第四十二章。或，有时、有的。损，减少。益，增加。

【译文/点评】有时想减损它，它却增加了；有时想增加它，它却减损了。此言事物是消长相形、损益互成的。

仙人王子乔，难可与等期。

【注释】出自汉·无名氏《生年不满百》。王子乔，传说中的人物，据说他曾被一位神秘道士接上嵩山，终于乘鹤成仙。难可，难于。等期，同寿，即长生不老。

【译文/点评】此乃告诫世人千万别存长生不老的幻想，“人生不满百”乃是自然规律。

心不负人，面无惭色。

【注释】出自宋·普济编《五灯会元》卷四。

【译文/点评】此言人不做亏心缺德之事，就不会面露惭愧之色。此与俗语“为人不做亏心事，不怕半夜鬼敲门”同义，意在劝人做事做人要问心无愧。

行得春风，指望夏雨。

【注释】出自明·冯梦龙《警世通言·桂员外途穷忏悔》。

【译文/点评】此以有春风便有夏雨为喻，意在说明行善便有好报的道理。这是佛家劝人行善戒恶的思想。

形存则神存，形谢则神灭。

【注释】出自南朝梁·范缜《神灭论》。则，就。谢，指殒灭。

【译文/点评】人的形体存在，精神就会存在；人的形体消亡了，精神也就不复存在。此言身体与精神的关系，是中国古代主张人死精神不复存在的“神灭论”观点。

飏下屠刀，立地成佛。

【注释】出自宋·普济编《五灯会元》卷十九。飏（yáng），飞扬、翻腾，此指抛弃。

【译文/点评】这句话就是我们今天常说的“放下屠刀，立地成佛”，意在以弃刀成佛为喻，形象地说明这样一个做人的道理：只要坚决地改邪归正，还是能够修炼成一个好人的。其意是鼓励作恶之人要勇于改过自新。

夜来月已十分好，今日秋山无限青。

【注释】出自《续传灯录》卷三十一。

【译文/点评】夜中看月，有人可能心有欣欣然，有人则会望月怀远，生发无限忧伤之情。究竟感觉如何，全看赏月人当时的心境。秋山萧瑟，总会让人由落叶飘零而联想到人类生命的盛衰与人生的荣辱成败，触景生情，感伤不已。但是，若是达观地看待世事、人生，眼里的秋山仍会是郁郁葱葱、生机无限的。这是强调人的主观意志的重要性，是佛家讲究内心修炼的思想体现。

一行之失，痛于割肌；一言之善，重于千金。

【注释】出自《广弘明集》卷十。

【译文/点评】此言人的一言一行要慎重，要对社会、他人负责。

以其不争，故天下莫能与之争。

【注释】出自先秦《老子》第六十六章。以，因为。

【译文/点评】因为他不与人相争，所以天下没有人能跟他争。这话乍一听不好理解，实则蕴含着极深的哲理与极大的人生智慧。世人对于权势、利益往往都是争得你死我活、寸步不让的，但结果往往是两败俱伤。而那些坐观壁上、不参加争夺的人，往往却能坐收其利。这与“鹬蚌相争，渔翁得利”的寓言有些相似。在现实生活中，我们也是可以常常见到这种情况的。比方说，某一权位的安排，有实力的人群起而争之，争得太过激烈，最后往往却出人意料地落到了没有参与争夺的圈外之人手上。因此，从另一个角度看，有时“不争也就是争”。

因风吹火，用力不多。

【注释】出自宋·普济编《五灯会元》卷十一。

【译文/点评】此以吹火为喻，说明处事要善于利用外界条件的重要性。武术上讲究“四两拨千斤”，军事谋略上重视“借力使力”，都是这个道理。

幽涧泉清，高峰月白。

【注释】出自宋·普济编《五灯会元》卷八。

【译文/点评】此以幽涧与泉清、高峰与月白的关系为喻，说明好的环境条件对人的正面影响。“泉清”、“月白”，都是比喻人品高洁。

有虎鸦须噪，无人鸟不惊。

【注释】出自宋·普济编《五灯会元》卷六。

【译文/点评】此言事物之间都是相互联系并互相影响的。

有无相生，难易相成，长短相形，高下相倾。

【注释】出自先秦《老子》第二章。

【译文/点评】有与无在对立中互相生成，难与易在矛盾中互相转化，长与短在对比中得到体现，高与低在对照中见出区别。此言任何事物都有相互对立而又相辅相成的两面性。

有缘千里来相会，无缘对面不相逢。

【注释】出自明·施耐庵《水浒传》第三十五回。

【译文/点评】此言人与人相交是要靠缘分的。这是佛家的思想，但在中国人交友、恋爱之中都被普遍接受。

渊鱼贪钩饵，悉为欲所困。

【注释】出自《佛所行赞》卷三。悉，都、全部。

【译文/点评】此以深渊之鱼贪人钓钩之饵而被人所钓食为喻，生动形象地阐明了这样一个道理：贪欲是导致一个人处于困境的根源。意在劝世人切忌“贪”，要安贫乐道，要有知足常乐之心。

愿自宽情念，勿以忧自伤。

【注释】出自《佛所行赞》卷一。

【译文/点评】为人处世，总有不顺之时。古语“不如意事常八九”，说的正是这个道理。既然人有不顺或失意痛苦之时，那就要适时予以解决，不然太过压抑，心理能量不能释放，新的心理平衡不能重归，于健康是有大碍的，这是现代医学所一再证明的事实。因此，在遭遇失意痛苦之时，善于自我宽慰，作心灵的自疗，事实上是非常重要的。如果一味深陷自伤之中，必然有伤身心。

知足不辱，知止不殆。

【注释】出自先秦《老子》第四十四章。殆（dài），危险。

【译文/点评】知道满足，就不会有羞辱；知道有止境，就不会有危险。此言人要有知足之心，要知道见好就收，不可欲无止境。否则，物极必反，反而招致羞辱与危险。

知足者富，强行者有志。

【注释】出自先秦《老子》第三十三章。

【译文/点评】什么叫富？那是没有止境的。如果没有贪欲，常怀知足之心，粗茶淡饭也会觉得过得富足有余。什么叫有志？那不是嘴上喊喊口号的，而是能够知难而进，勉力而为。老子这番对于“富”与“有志”的见解，今天看来仍是极具智慧的。

执志安如地，心净若莲花。

【注释】出自《佛所行赞》。

【译文/点评】执着于志向，就像脚踏于坚实的大地之上般安稳不动；心灵纯洁，就像出污泥而不染的莲花。此以比喻修辞手法形象生动地阐明了为人处世应该秉持的原则：守志不移、独善其身。

至人之用心若镜，不将不迎，应而不藏，故能胜而不伤。

【注释】出自先秦《庄子·应帝王》。至人，指道家心目中的完人、圣人。将，送。藏，隐藏。

【译文/点评】圣人的用心就像一面镜子，物去不送，物来不迎，客观地反映事物而不作保留，所以能够胜物而不被任何东西损伤。这是道家清静无为、纯任自然的观点。

掷宝混沙中，识者天然异。

【注释】出自宋·普济《五灯会元》卷六。

【译文/点评】此言真金能自然放光，关键是要自我完善。

智慧最安身，不犯恶最安。

【注释】出自《法句经》。

【译文/点评】有智慧就能安身立命，不犯众怒就能安然无忧。此言为人处世的智慧，要点就是凭本事吃饭，靠和善做人。现实生活中，也有凭非正当手段而飞黄腾达的得志小人，但最终还是要以实力说话。因此，大丈夫立身处世，只有通过学习增长自己的才干，才是最保险的安身立命的方法。与人为善，不犯众怒，才能与人相处和谐，有利于自己发展，也有益于身心健康。

种瓜还得瓜，种豆还得豆。

【注释】出自明·施耐庵《水浒传》第四十五回。

【译文/点评】此以种瓜、种豆为喻，形象地说明了“有其因必有其果”的道理，带有佛家因果报应的思想色彩。

昨见垂杨柳，今逢落叶黄。

【注释】出自宋·普济编《五灯会元》卷十二。

【译文/点评】此以柳绿、柳黄为喻，说明时光易逝的道理，意在劝人珍惜时光。

四时节令

白下有山皆绕郭，清明无客不思家。

【注释】出自明·高启《清明呈馆中诸公》。白下，即今天的江苏南京。郭，指外城。

【译文/点评】此写清明时节客居异乡之人的乡思情感。前句写“有山皆绕郭”之景，意在借此意象表达“是人皆恋乡”之意。

宝马雕车香满路。

【注释】出自宋·辛弃疾《青玉案》。

【译文/点评】此写上元灯节达官贵人的丽人小姐出来赏灯的阵势。虽然没有出现一个人字，但丽人的倩影已透过“雕车”与满路之“香”显现无余，让人顿生无限的遐想。

爆竹声中一岁除，春风送暖入屠苏。千门万户曈曈日，总把新桃换旧符。

【注释】出自宋·王安石《元日》。一岁除，一年过去。屠苏，指用屠苏草浸泡的酒，旧时认为喝了此酒便可驱邪消灾。曈曈（tóng），旭日初升的样子。新桃，即桃符。古代习俗，在大年初一用桃木板写神荼、郁垒二神名，悬于门旁以驱鬼镇邪。后以桃符为春联的别名。

【译文/点评】此写旧历新年的情景：在春风送暖的季节，家家户户燃放爆竹，饮用以屠苏草浸泡的酒，以此辞旧迎新。在旭日初升的时候，家家户户将门上的旧桃符予以更新，以寓一元复始、万象更新之意，期待着新的一年能有更美满的生活。

碧云天，黄叶地，秋色连波，波上寒烟翠。

【注释】出自宋·范仲淹《苏幕遮·碧云天》。寒烟翠，指碧云天与秋水一色，远望像绿色的烟雾。

【译文/点评】此写蓝天白云、黄叶满地、秋水浩渺、寒烟凝翠的秋天景象。虽是写秋景，却意境阔大，读之使人并不感到有衰飒悲伤之气，而是一种阔大雄浑的美。元人王实甫《西厢记》中的名句“碧云天，黄花地”，正是化自于此。

不觉春风换柳条。

【注释】出自唐·韩滉《晦日呈诸判官》。

【译文/点评】此写因春天不知不觉间到来而生的喜悦之情。

不须迎向东郊去，春在千门万户中。

【注释】出自清·卢道悦《迎春》。须，需要。

【译文/点评】此言寻春不必刻意到郊野去，春的足迹无处不在，只需留心细察。

不知庭霰今朝落，疑是林花昨夜开。

【注释】出自唐·宋之问《苑中遇雪应制》。霰（xiàn），小雪珠。

【译文/点评】此写冬日庭雪如林花的景观。花是春日开放，雪是冬天降落，以雪比林花，不仅新颖，而且顿使所写冬日之景有了温暖之感。

不知细叶谁裁出，二月春风似剪刀。

【注释】出自唐·贺知章《咏柳》。

【译文/点评】此写二月春风的巨大力量。春风吹，春气动，万物复苏，草木萌芽，杨柳叶翠，此乃自然现象。但是，诗人却故意以“不知细叶谁裁出”之句提出疑问，然后以比喻修辞手法，将春风比喻成一把巧手美女手中的“剪刀”，将垂柳细叶一一裁出。由此，将“春风”拟人化，既使表意形象生动，又强调了春风异乎寻常的自然力量。

才见岭头云似盖，已惊岩下雪如尘。千峰笋石千株玉，万树松萝万朵云。

【注释】出自唐·元稹《南秦雪》。似，像。盖，车盖。笋石，石头像竹笋。

【译文/点评】前两句极写雪降之快，运用的是夸张修辞手法。根据常理，应该是先有云再降雪，而诗人说“才见岭头云”“已惊岩下雪”，“才”与“已”所表明的动作结果打破了正常的逻辑顺序，将结果居于原因之前，这是夸张中的“超前夸张”。同时这两句中又各有一个比喻，一是“云似盖”，一是“雪如尘”，由此将阴云与雪的形状作了生动形象的展示。三、四两句各是一个比喻，分别写出了远山似笋、雪峰似玉、松萝覆雪似云朵的生动雪景。

残花片片细柳风，落日疏钟小槐雨。

【注释】出自唐·韩翃《赠别王侍御赴上都》。

【译文/点评】此写暮春时节残花飘飞，春风习习，柳枝细细，夕阳西下，寺钟渐歇，雨湿小槐的景象，表现的是一种自然冲淡的境界与闲适从容的情趣。

残暑蝉催尽，新秋雁带来。

【注释】出自唐·白居易《宴散》。

【译文/点评】残暑之气在蝉声中渐渐散去，秋色秋意在北雁南飞的叫声中不期而至。此写夏去秋来的物候特征。

残雪暗随冰笋滴，新春偷向柳梢归。

【注释】出自宋·张耒《春日》。冰笋，指冰凌，形状似笋。

【译文/点评】此写冰雪消融，春回大地，柳梢新绿的早春景象。

残云带雨轻飘雪，嫩柳含烟小绽金。

【注释】出自唐·姚合《早春山居寄城中知己》。

【译文/点评】此写早春乍暖还寒时节的景象：残云带雨，微雪轻飘，柳芽初吐，色如黄金。

残云收夏暑，新雨带秋岚。

【注释】出自唐·岑参《水亭送华阴王少府还县》。岚，山上的雾气。

【译文/点评】此写夏天阵雨过后云残暑消、雾生山峦的景象。

草低金城雾，木下玉门风。

【注释】出自南朝梁·范云《别诗》。金城，古郡名，在今甘肃榆中与青海西宁之间。玉门，指玉门关，在今甘肃敦煌之西。

【译文/点评】此写西北边地草枯浓雾起、秋风扫落叶的秋日之景。

草荣识节和，木衰知风厉。虽无纪历志，四时自成岁。

【注释】出自晋·陶渊明《桃花源诗》。荣，草开花，此指草茂盛。节，季节。和，和暖。木，树。木衰，树木凋零。风厉，秋风凄厉。纪历志，即历书。

【译文/点评】此言不需要历书，根据草木的变化便可知晓季节的轮换。

草树知春不久归，百般红紫斗芳菲。

【注释】出自唐·韩愈《晚春》。芳菲，花草芳香。

【译文/点评】此写暮春时节花草树木最为繁盛的景象。诗句以拟人修辞手法将花草树木人格化，借说它们知道春事行将结束而格外争奇斗艳的心理，突出诗人自己惜春爱春的心情。

蝉噪闻疑断，池清映似空。

【注释】出自隋·王胄《奉和悲秋应令诗》。

【译文/点评】蝉声阵阵，听起来似断似续；泄水清澈，看起来疑似天空。此写秋天蝉声凄切、天净池清的景象。

长风吹白茅，野火烧枯桑。

【注释】出自唐·岑参《至大梁却寄匡城主人》。长风，此指强劲的秋风。白茅，枯死变白的茅草。

【译文/点评】秋风吹起茅草漫天飞舞，野火烧着了枯死的桑树，此写秋天气候干燥、风多风大的季候特点。

长风万里送秋雁，对此可以酣高楼。

【注释】出自唐·李白《宣州谢朓楼饯别校书叔云》。酣（hān），酒喝得很畅快。

【译文/点评】此写坐高楼、对长风、望秋雁而尽情饮酒的豪情雅兴。相对于一般人对秋风、望雁飞，便会有一种秋来人老的颓废情绪，诗人纵酒送雁的举动则表现的是一种积极的人生态度。

长江春水绿堪染，莲叶出水大如钱。

【注释】出自唐·张籍《春别曲》。

【译文/点评】此写暮春景象：江水如染绿，莲叶刚出水。

城上风光莺语乱，城下烟波春拍岸。

【注释】出自宋·钱惟演《木兰花》。莺语乱，指鸟叫声多。春拍岸，指倒映在水中的春光随着波浪拍打着河岸。

【译文/点评】此写城内城外到处鸟语花香、春色满眼的春日之景。

池上碧苔三四点，叶底黄鹂一两声。

【注释】出自宋·晏殊《破阵子》。黄鹂，即黄莺。

【译文/点评】此写时序渐近清明之时，池畔碧苔初生，树间黄鹂声老的景象。前句写碧苔初生，言雨水渐多；后句写黄鹂声少，言春天已至尾声（黄鹂初啼是初春，春去则不啼）。“三四点”，言碧苔之少；“一两声”，言其声渐稀。“三四点”、“一两声”相对，不仅对仗工整，而且都是表示少的数量词，暗中传达出春事即将消歇的信息。因为青苔生长最盛之时在春天，黄莺叫得最欢的是早春，唐人白居易有诗句“几处早莺争暖树”，描写的正是这种物候特征。

池塘生春草，园柳变鸣禽。

【注释】出自南朝宋·谢灵运《登池上楼》。变，换。鸣禽，叫唤的鸟。

【译文/点评】此言春天来临，池塘边绿草萌生、园中柳上又换了另一种鸟叫之声。这是描写春天物候变化的句子，看起来是平常的写景，句子也没有特别的修辞技巧，但读来让人有一种“人人眼中有，个个笔下无”的感觉。前句写“春草”却特别强调“池塘”，这是为了突出早春的一个“早”字。池塘有温润的地利之便，草萌芽得要比他处为早。后句与唐人白居易《钱塘湖春行》所写“几处早莺争暖树，谁家新燕啄春泥”的意境相同，却不直写柳枝吐芽，而是通过变换了一种鸟声来侧面表现。这正是诗人善于藏巧于拙、于平易处表现奇崛的高明之处。可见，千百年来人们一直广泛传诵此二句是有道理的。钟嵘《诗品》引《谢氏家录》说：“康乐每对惠连，辄得佳语。后在永嘉西堂，思诗竟日不就，寤寐间忽见惠连，即成‘池塘生春草’。故尝云：‘此语有神助，非我语也’。”（康乐，即康乐公，谢灵运的封爵；惠连，即谢惠连，谢灵运的从弟。）

迟日江山丽，春风花草香。

【注释】出自唐·杜甫《绝句二首》（其一）。迟日，指春日，源于《诗经·七月》“春日迟迟”句。

【译文/点评】此写阳光和煦，山清水秀，春风习习，花草飘香的春日景象。

迟日未西人已醉，绿杨柔柳舞秋千。

【注释】出自宋·杨绘《春游》。迟日，指春日，源于《诗经·七月》“春日迟迟”句。

【译文/点评】此写太阳迟迟不落，柳树青枝绿叶、柔条摇曳的景象，表现的是诗人对春天的喜爱之情。

重衾无暖气，挟纩如怀冰。

【注释】出自晋·张华《杂诗》。衾（qīn），被子。纩（kuàng），棉絮。

【译文/点评】此写冬夜的寒冷情状：盖着双层被子都无暖意，抱着棉絮就像抱着冰块，读之不禁让人也顿生寒意。

船冲水鸟飞还住，袖拂杨花去却来。

【注释】出自唐·韩偓《乱后春日途经野塘》。飞还住，飞走又停在船上。杨花，柳絮。

【译文/点评】此写鸟不畏人、柳絮满天的春日景象。前句表现的是人鸟相亲的欣悦之情，后句表现的是春天即将过去的忧伤之情。

春草阶前随意绿，晓莺花里尽情啼。

【注释】出自宋·何基《春日闲居》。

【译文/点评】此以拟人修辞手法，将草、莺人格化，使其带有人的生命情态（草“随意”、莺“尽情”），从而形象地再现了碧草连阶、莺啼花开的春日景象。

春城无处不飞花，寒食东风御柳斜。日暮汉宫传蜡烛，轻烟散入五侯家。

【注释】出自唐·韩翃《寒食》。春城，指春天的长安城。寒食，指寒食节，一般在冬至后一百零五天，清明节前两天。据说此节是春秋时代晋文公为了纪念抱树而烧死于绵山的功臣介子推，所以这天禁止百姓生火为炊，只吃冷食。御柳，指皇宫中的柳树。汉宫，此指唐皇宫。传蜡烛，指寒食节这天禁火，只有得到皇帝特许的近臣权贵才能点蜡烛。五侯，有两种说法，一说指东汉梁冀一族五侯。二说指东汉桓帝时同一天封单超等五个宦官为侯。

【译文/点评】前句是泛写整个长安城到处都是一片春天的景象。第二句是特写，以御柳为抓手予以描写，由一点而及其余。第三、四句写宫内不同于宫外的风俗特点：民间禁火，宫内点烛。表面是叙事，实则是暗含指责封建等级特权的意思。

春到人间草木知。

【注释】出自宋·张栻《立春偶成》。

【译文/点评】此言春天的到来尽显于草青木荣之上。

春到人间万物鲜。

【注释】出自明·冯梦龙《警世通·王娇鸾百年长恨》。

【译文/点评】此言春回大地、万物复苏的物候特征。

春风春雨花经眼，江北江南水拍天。

【注释】出自宋·黄庭坚《次元明韵寄子由》。经，过。

【译文/点评】此写大江南北到处都是春风催花开、春雨涨江河的春日景象。“花经眼”，让花为主动，人为被动，突出的是花事之盛；“水拍天”是夸张的写法，强调的是春水涨江的气势。

春风贺喜无言语，排比花枝满杏园。

【注释】出自唐·赵嘏《喜张沨及第》。

【译文/点评】此写春风催春至、杏花开满园的初春景象。以拟人修辞手法写春风，将其人格化，尤显亲切有味。

春风桃李花开日，秋雨梧桐叶落时。

【注释】出自唐·白居易《长恨歌》。

【译文/点评】此写春秋两季不同的景观与感受，前是乐景，后是哀景。

春风自恨无情水，吹得东流竟日西。

【注释】出自宋·苏轼《往年宿瓜步梦中得小诗录示民师》。东流，东流之水。竟日，整日。

【译文/点评】此言春风恼怒无情的流水将落花随同春天一起带走，所以报复性地吹得东去的流水整日向西回流。此以拟人修辞手法，将春风人格化，以此表达诗人因春天离去而生的惆怅之情。

春耕夏耘，秋获冬藏。

【注释】出自汉·班固《汉书·食货志》。

【译文/点评】春天耕作，夏天除草，秋天收获，冬天储藏。此是古人总结的生产与生活经验。

春来草色一万里，芍药牡丹相间红。

【注释】出自宋·姜夔《契丹歌》。

【译文/点评】此写春天碧草连天、芍药牡丹相映生辉的景象。“一万里”是夸张，意在强调草地的无边无际。

春路雨添花，花动一山春色。

【注释】出自宋·秦观《好事近》。

【译文/点评】此写春雨过后众花开、满眼春色尽在山的春日之景。

春葩含日似笑，秋叶泫露如泣。

【注释】出自北齐·刘昼《刘子·言苑》。葩（pā），花。泫（xuàn），水珠下滴。

【译文/点评】春天的花就像面向太阳而笑，秋天的树叶垂露下滴就像是哭泣。此以比喻修辞手法写春秋时节赏花观树的不同情感体验。花非人，自然不会笑；露非人，当然也不会哭。花笑露泣，这是观赏者的移情心理作用。

春色将阑，莺声渐老，红英落尽青梅小。

【注释】出自宋·寇准《踏莎行》。阑，尽。莺，指黄莺。红英，红花。

【译文/点评】此写莺声渐歇、花落梅小的暮春景象。

春色恼人眠不得，月移花影上栏杆。

【注释】出自宋·王安石《春夜》。得，能。

【译文/点评】此写春色喜人，春夜不眠，月下看花的雅兴。“春色恼人”，乃是倒反修辞手法的运用，正话反说，将诗人对春色的喜爱之情特别地予以强调出来。

春山淡冶而如笑，夏山苍翠而欲滴，秋山明净而如妆，冬山惨淡而如睡。

【注释】出自宋·郭熙《山川训》。淡，淡雅。冶，艳丽、多姿。苍翠，深绿色。而，连词，无义。

【译文/点评】春天的山淡雅多姿，就像美人嫣然而笑；夏天的山郁郁葱葱，树叶的绿色深得像是要滴落下来；秋天的树叶有落有留，或绿或黄，疏落明净，就如美人刚化过妆；冬天的山一片萧条惨淡，就像是沉沉睡去一样。此以比喻修辞手法形象地描写了春夏秋冬四个季节山的不同景观形象。

春生夏长，秋收冬藏，此天道之大经。

【注释】出自汉·司马迁《史记·太史公自序》。天道，自然规律。大经，根本法则。

【译文/点评】此言人类要依循自然规律进行生产与生活。

春生者繁华，秋荣者零悴。

【注释】出自三国魏·应璩《与侍郎曹长思书》。荣，草开花。零悴，凋零憔悴。

【译文/点评】春天开花的植物繁荣旺盛，秋天开花的植物容易凋零憔悴。此言植物在不同季节生长的特征。

春事到清明，十分花柳。

【注释】出自南宋·辛弃疾《感皇恩》。十分花柳，指花红柳绿都到了最鼎盛的时候。

【译文/点评】此言清明时节的花红柳绿已经到了最鼎盛的时候，意谓随后便是春残夏至的时候，表达的是对春天匆匆而去的叹惜之情。

春水满四泽，夏云多奇峰。秋月扬明辉，冬岭秀寒松。

【注释】出自晋·顾恺之《神情诗》。泽，水积聚之处。

【译文/点评】四句写出春夏秋冬四组八种典型景物（春水、四泽、夏云、奇峰、秋月、明辉、冬岭、寒松），意境阔大，形象生动。

春晚绿野秀，岩高白云屯。

【注释】出自南朝宋·谢灵运《入彭蠡湖口》。春晚，指暮春、春深。屯，聚集。

【译文/点评】此写暮春时节原野之上葱绿秀丽、山峰之巅浮云如驻的景象。

春雪满空来，触处似花开。不知园里树，若个是真梅？

【注释】出自唐·东方虬《春雪》。若个，哪个。

【译文/点评】此写初春降雪，满树雪花与满树春梅融为一体，不知何是梅花、何是雪花的独特春景。

春阴垂野草青青，时有幽花一树明。

【注释】出自宋·苏舜钦《淮中晚泊犊头》。

【译文/点评】春日的天空，时有阴云笼罩四野的青青之草，让人有一种压抑之感；但是不时有一树清幽之花缀满枝头，让人看了有一种豁然开朗之感。此以草暗花明对比，有开有合，使所写春日之景色彩更为鲜明、丰富。

春在乱花深处鸟声中。

【注释】出自宋·陈亮《南歌子》。

【译文/点评】此写鸟鸣繁花深处的春日之景，有声有色。“乱”字之用，意在突显花开之盛。

春洲鹦鹉色，流水桃花香。

【注释】出自北周·庾信《忝在司水看治渭桥诗》。洲，水中的陆地。

【译文/点评】水中沙洲之上春花碧草，远看像是鹦鹉羽毛之色；桃花飘落，随水流淌，到处溢满香气。此写暮春时节的景象，不仅没有一丝感伤的情调，读了反而让人倍感兴奋。

丹林黄叶斜阳外，绝胜春山暮雨时。

【注释】出自宋·杜耒《秋晚》。丹林，红色的枫树林。绝胜，远胜于。

【译文/点评】此言夕阳下红叶黄叶相间的秋景远胜于暮雨中的春山之景。

但将酩酊酬佳节，不用登临恨落晖。

【注释】出自唐·杜牧《九日齐山登高》。但，只。酩酊（mǐng dǐng），醉得迷迷糊糊的样子。酬，酬答、应对。登临，登高。落晖，落日的余晖。

【译文/点评】重阳节是家人团聚、登高、赏菊的日子，人在异乡，与家人团聚不成，还可以登高而望故乡。但是，诗人决定放弃登高，因为登高望故乡，遥不可及，只能徒增惆怅。为了免得迁怒于落晖，还是把自己喝醉了，也就算打发了这个重阳佳节。这看起来倒是个好办法，但这好办法又是何等的令人伤感呢？可谓一切尽在不言中。

地白风色寒，雪花大如手。

【注释】出自唐·李白《嘲王历阳不肯饮酒》。

【译文/点评】此写风寒雪大的冬日之景。“雪花大如手”，乃是运用夸张修辞手法，极写雪花之大。虽不是生活的真实，却能给人以深刻的印象。

东风吹雨细如尘。

【注释】出自宋·辛弃疾《浣溪沙》。

【译文/点评】此写春天里东风微吹、细雨如尘的景象。

东风好作阳和使，逢草逢花报发生。

【注释】出自唐·钱起《春郊》。阳和，春气。阳和使，报春的使者。

【译文/点评】此写春天东风起而花开草绿的物候景象。诗人将东风比作是报告春天到来的使者，以拟人修辞手法将东风人格化，从而借写东风报信的殷情抒发对春天到来的欣喜之情。

东风何时至，已绿湖上山。

【注释】出自唐·丘为《题家父庐舍》。

【译文/点评】此写对春天不知不觉而至的惊喜之情及东风催春至的天气特征。

东风洒雨露，会入天地春。

【注释】出自唐·李白《送郗昂谪巴中》。

【译文/点评】此言东风起、雨露洒便是春天到来的物候特征。

东风随春归，发我枝上花。

【注释】出自唐·李白《落日忆山中》。

【译文/点评】此写东风起、春天到、花儿开的物候特征。“发我枝上花”，将“我”与“枝上花”搭配，可见诗人是将自己比作树，表现出鲜明的亲近自然、与自然融为一体的情趣。

东风夜放花千树，更吹落，星如雨。

【注释】出自宋·辛弃疾《青玉案》。东风，春风。花千树，指灯火之多如同千树花开。星，此指焰火。

【译文/点评】遍地灯火，就像是春风催开了千树繁花一样；无数的焰火冲天而起再落下，就像是耀眼的星星从天而降。此乃写上元灯节（正月十五）火树银花的景象。由于运用了比喻修辞手法，描写就显得格外生动形象，让人有如临其境之感。

东风有信无人见，露微意、柳际花边。

【注释】出自宋·苏轼《一丛花》。信，音讯、消息。

【译文/点评】此言东风送春悄无痕迹，只在花边柳际最早露出一点蛛丝马迹。这是以拟人修辞手法写春天的物候特征。

冬无愆阳，夏无伏阴，春无凄风，秋无苦雨。

【注释】出自先秦《左传 · 昭公四年》。愆（qiān），差错、差失。愆阳，反常的温暖。伏阴，指突然而至的阴冷。凄风，凄厉的寒风。苦雨，久下而不止的雨。

【译文/点评】冬天没有反常的温暖，夏天没有不期而至的阴冷，春天没有凄厉的寒风，秋天没有久下不止的淫雨。此言四季正常气候的特征。

对潇潇暮雨洒江天，一番洗清秋。

【注释】出自宋 · 柳永《八声甘州》。潇潇，指雨声。

【译文/点评】此写黄昏时分秋雨潇潇，江天为之一洗，空气清新凉爽的秋日之景。

多少绿荷相倚恨，一时回首背西风。

【注释】出自唐 · 杜牧《齐安郡中偶题二首》。

【译文/点评】此写秋日西风吹、一池绿荷尽东倾的景象。

二月风光浓似酒，小楼新湿青红。

【注释】出自宋 · 葛胜仲《临江仙》。青红，指绿叶与红花。

【译文/点评】此写小楼雨后花红叶绿令人陶醉的春日之景。

二月湖水清，家家春鸟鸣。

【注释】出自唐 · 孟浩然《春中喜王九相寻》。

【译文/点评】此写二月到处鸟鸣水清的仲春景象。

繁枝容易纷纷落，嫩蕊商量细细开。

【注释】出自唐 · 杜甫《江畔独步寻花七绝句》。繁枝，繁盛的花枝。

【译文/点评】此写繁盛的花枝上落花纷纷、嫩蕊新芽不断抽发的春日之景。“纷纷”状落花之多，“细细”写嫩蕊慢慢开放之状，生动形象，且极具乐感。

返照乱流明，寒空千嶂净。

【注释】出自唐·钱起《杪秋南山西峰题准上人兰若》。返照，夕阳残照。乱流，指纵横交错的水流。嶂，山耸险峻如同屏障一样的山峰。

【译文/点评】此写夕阳西下，光映水明，天空生寒，千山明净的秋日之景。

芳草二三月，碧云千万峰。

【注释】出自宋·陈尧佐《智果寺》。

【译文/点评】此写春天芳草连天、碧云万里、千峰尽绿的景象。“二三月”对“千万峰”，不仅对仗工整，而且由时间而及山峰，更让人对“二三月”的春山景象联想无限。

芳菲消息到，杏梢红。

【注释】出自宋·贺铸《小重山》。芳菲，花草芳香，此指春天。

【译文/点评】此言杏花枝头红便是春天到来的消息，意谓杏花是报春的使者。

芳菲歇去何须恨，夏木阴阴正可人。

【注释】出自宋·秦观《三月晦日偶题》。芳菲，花草的芳香。恨，遗憾。夏木，夏日的树木。可，合宜、合适。

【译文/点评】此言春天过去不必有遗憾，夏天树木浓荫的凉爽也正合人意。

芳树无人花自落，春山一路鸟空鸣。

【注释】出自唐·李华《春行即兴》。

【译文/点评】此写春天山中静谧的景象：空山无人，鸟鸣声声，芳树葱绿，花儿自开自落。

纷纷红紫已成尘，布谷声中夏令新。

【注释】出自宋·陆游《初夏绝句》。红紫，指花。

【译文/点评】落花纷纷化作尘，杜鹃声中初夏至。此写春夏交替的季候特征。

风定小轩无落叶，青虫相对吐秋丝。

【注释】出自宋·秦观《秋日》。轩，长廊。

【译文/点评】此写风停树静，秋叶不落，青虫吐丝的秋日景象，颇有一番静谧闲淡的情趣。

风老莺雏，雨肥梅子，午阴嘉树清圆。

【注释】出自宋·周邦彦《满庭芳》。

【译文/点评】在夏日之风的吹拂下，小莺已经长大；在夏日充足雨水的滋润下，梅子已然成熟；高大的树木，在正午阳光的照射下于地面投下清凉的圆形树荫。此写夏日鸟长、梅熟、绿荫蔽地的景象。

风弱知催柳，林青觉待花。

【注释】出自唐·卢僎《岁晚还交台望城阙成口号先赠交亲》。

【译文/点评】东风微弱知是催柳吐芽返绿，树木返青知是等待花儿开放。此言东风是柳绿的媒介，花开在柳后。

枫叶荻花秋瑟瑟，闲云潭影日悠悠。

【注释】出自清·阮元题江西百花洲联语。

【译文/点评】此联乃集前人名句而成。上句取自唐人白居易《琵琶行》诗“浔阳江头夜送客，枫叶荻花秋瑟瑟”，下句集自唐人王勃《滕王阁》诗“闲云潭影日悠悠，物换星移几度秋”。两句虽皆集自前人名句，却妙合自然，写尽了秋日百花洲的美景，读后不禁让人神往不已。

凤箫声动，玉壶光转，一夜鱼龙舞。

【注释】出自宋·辛弃疾《青玉案》。凤箫，指能引来凤凰的箫声。玉壶，此指月亮。光转，月光普照。鱼龙，指鱼形、龙形的花灯。

【译文/点评】凤箫声声动人心，月光皎洁照大地，鱼灯龙灯通宵舞。此写上元灯节（正月十五）月光明亮、欢声雷动的热闹景象。

芙蓉露下落，杨柳月中疏。

【注释】出自南朝齐·萧悫《秋思》。芙蓉，荷花。

【译文/点评】此写深秋时节月上中天，秋露降落，荷叶枯败，杨柳枝疏的景象。虽然有些萧条，但不失诗意之美。唐人李商隐“留得枯荷听雨声”所写的意境之所以为历代文人所欣赏，其道理正在于此。

拂水柳花千万点，隔林莺舌两三声。

【注释】出自唐·元稹《过襄阳楼呈上府主严司空楼在江陵节度使宅北隅》。柳花，柳絮。

【译文/点评】此写柳絮纷飞、莺声渐歇的春暮之景，表达的是春天将去的惆怅之情。“千万点”是扩大夸张，言柳絮飘落之多；“两三声”是缩小夸张，言黄莺叫声之稀。而柳絮飞舞、黄莺声歇，则正是春天渐将远去的节候标志。

高鸟黄云暮，寒蝉碧树秋。

【注释】出自唐·杜甫《晚秋长沙蔡五侍御饮筵送殷六参军归沣州觐省》。

【译文/点评】暮云飞度，鸟儿高飞，寒蝉凄切，碧树凋零。此写深秋萧瑟之景。

隔牖风惊竹，开门雪满山。

【注释】出自唐·王维《冬晚对雪忆胡居士家》。牖（yǒu），窗户。

【译文/点评】此写冬夜风雪之大的情形。

孤村落日残雪，轻烟老树寒鸦，一点飞鸿影下。

【注释】出自元·白朴《天净沙·秋》。一点飞鸿，指高飞的孤雁远望就像一个小点。

【译文/点评】前两句以十二个字六个词写了六个景物意境，就像是电影蒙太奇的镜头组接一样，一幅秋日肃杀悲凉的画面跃然纸上。第三句以孤雁投影，将天上地下之景连成一体，顿然使天地之间都充溢了一股肃杀之气与浓郁的悲凉气氛。

桂林风景异，秋似洛阳春。

【注释】出自唐·宋之问《始安秋日》。

【译文/点评】此写南北秋日天气与景物的巨大差异。

过雨荷花满院香，沈李浮瓜冰雪凉。

【注释】出自宋·李重元《忆王孙》。沈，沉。沈李浮瓜，指浸泡于冰凉泉水中的瓜果。

【译文/点评】此写阵雨打荷满院香、凉镇瓜果透心凉的夏日景象与生活情趣。

寒城一以眺，平楚正苍然。

【注释】出自南朝齐·谢朓《宣城郡内登望》。眺，远望。平楚，平野。苍然，灰白色的样子。

【译文/点评】登临城头，顿觉寒气袭人；远望平野，举目尽是苍苍萧条之色。此写秋风送寒、平野萧条的秋日之景。

寒风摧树木，严霜结庭兰。

【注释】出自汉·乐府古辞《古诗为焦仲卿妻作》。结，凝结。

【译文/点评】此写寒风摧树、霜凝庭兰的冬日之景。

寒迥山河净，天长云树微。

【注释】出自唐·王维《送崔兴宗》。迥（jiǒng），远。

【译文/点评】此写秋天万物萧条，大地显得空荡高远；天高气爽，云树显得淡远细微的景象。

寒来暑往，秋收冬藏。

【注释】出自南朝梁·周兴嗣《千字文》。收，收获。藏，储藏。

【译文/点评】此言季节有变化、收藏巧安排的生产规律。

寒凉应节至，蟋蟀夜悲鸣。

【注释】出自汉·无名氏诗（旧题《李陵赠苏武诗》）。应节，随着节候。

【译文/点评】此写初秋的节候变化特征。

寒山转苍翠，秋水日潺湲。

【注释】出自唐·王维《辋川闲居赠裴秀才迪》。寒山，指秋天的山。转苍翠，翠绿与灰白之色转换，指秋天树叶颜色的改变。日，一天天。潺湲（chán yuán），水慢慢流动的样子。

【译文/点评】此写秋日山上树木由绿变黄，山间流水潺潺的景象。

寒随一夜去，春逐五更来。

【注释】出自唐·史青《应诏赋得除夜》。

【译文/点评】此写冬去春来的季节轮替以及诗人因春已

至的喜悦之情。

寒潭映白月，秋雨上青苔。

【注释】出自唐·刘长卿《游休禅师双峰寺》。

【译文/点评】此写双峰寺寒潭映月、秋雨湿苔的秋夜之景。

寒塘映衰草，高馆落疏桐。

【注释】出自唐·王维《奉寄韦太守陟》。

【译文/点评】此写深秋塘水生寒，衰草连天，梧桐叶落，房舍突兀的景象。前句写水、草，后句写树、屋；前句是远景，后句是近景。如此远近结合，水草与树屋并举，顿使画面丰富生动起来，虽是深秋萧瑟之景，却不失苍凉的凄美情调。

寒天催日短，风浪与云平。

【注释】出自唐·杜甫《公安县怀古》。

【译文/点评】此以夸张修辞手法写天寒日短、风浪滔天的冬日景象。

寒雪梅中尽，春风柳上归。

【注释】出自唐·李白《宫中行乐词八首》。

【译文/点评】此写冬尽春来的的物候特征：寒冬在梅花盛开后便告隐退，柳树在春风吹拂下吐芽便是春天的脚步走近。

菡萏香消翠叶残，西风愁起绿波间。

【注释】出自南唐·李璟《浣溪沙》。菡萏（hàn dàn），荷花的别名。西风，指秋风。西风愁，指西风使人愁。

【译文/点评】此写秋风陡起绿波之间，荷花叶残香消的秋日哀景。

红树青天外，黄芦白鸟边。

【注释】出自唐·殷尧藩《郊行逢社日》。

【译文/点评】此写秋天远树红叶衬青天、满眼黄芦白鸟飞的景象。两句写四种景物、四种颜色，犹如一幅画，不仅气象阔大，而且色彩丰富。

红杏枝头寒食雨，燕子泥新，不住飞来去。

【注释】出自宋·毛滂《蝶恋花》。寒食，寒食节，一般在清明前两天。据说是晋文公为了纪念抱树而烧死的功臣介子推，故此日家家禁烟火，只吃冷食，故名寒食。燕子泥新，燕子衔新泥筑巢。

【译文/点评】此写寒食节时燕子忙筑巢、春雨湿红杏的情景，颇富诗情画意，读之让人陶醉。

湖上小桃三百树，一齐弹泪过清明。

【注释】出自清·郭麐《积雨》。弹泪，指雨滴从树叶花瓣上落下。

【译文/点评】此以拟人修辞手法，将桃树人格化（树弹泪），侧笔写出了清明时节人在异乡的深切思乡之情。

花开红树乱莺啼，草长平湖白鹭飞。

【注释】出自宋·徐元杰《湖上》。

【译文/点评】此写花红映绿树，群莺鸣其中，草长湖水平，白鹭展翅飞的春日景象。

黄花深巷，红叶低窗，凄凉一片秋声。

【注释】出自宋·蒋捷《声声慢》。黄花，菊花。秋声，秋天的风声、水声、风吹树叶声等声响。

【译文/点评】此写深巷菊花黄，窗前枫叶红，风吹声瑟瑟的深秋景象。

黄梅时节家家雨，青草池塘处处蛙。

【注释】出自宋·赵师秀《有约》。

【译文/点评】此写梅雨时节雨意绵绵、梅子黄熟、池塘草青、蛙声阵阵的夏日江南之景。“家家”、“处处”两个叠字的运用，使所描写的景象显得更加意味充足。

火树银花合，星桥铁锁开。

【注释】出自唐·苏味道《正月十五夜》。火树银花，此指花灯烟火。星桥，装点有花灯的桥，远远看去就像星星点点。铁锁开，指唐代的宵禁制度在正月十五日的夜晚予以解除。

【译文/点评】此写唐代元宵节烟火花灯汇聚恰似火树银花、桥饰花灯就如繁星点点的盛况。

几许欢情与离恨，年年并在此宵中。

【注释】出自唐·白居易《七夕》。几许，几多、多少。此宵，指七月七日晚上，即七夕。民间传说此日是牛郎、织女渡过银河相会的唯一一次机会。

【译文/点评】此咏牛郎与织女七夕相会的喜忧之情。喜的是，分离一年后终于相聚了；忧的是，短暂的相会后又是痛苦的长时间分离。

霁后三川冷，秋深万木疏。

【注释】出自唐·韦应物《赠萧河南》。霁（jì），指雨雪停止，天放晴。

【译文/点评】此言雪后天寒地冻、秋深万物凋零。“三川”、“万木”都是夸张的说法，前者代指所有的河流，后者代指所有的树木。

佳节又重阳，玉枕纱厨，半夜凉初透。

【注释】出自宋·李清照《醉花阴》。纱厨，即纱帐。

【译文/点评】此写重阳节（九月九日）天气渐凉的节候特征。

渐霜风凄紧，关河冷落，残照当楼。

【注释】出自宋·柳永《八声甘州》。霜风，指寒冷的秋风。渐，渐渐。关河，关塞河流。残照，夕阳的余晖。当，对着。

【译文/点评】此写秋风渐紧、关塞萧条、河水生寒、夕阳当楼的秋日晚景，读之颇让人生出一种哀伤凄凉之感。

江汉春风起，冰雪昨夜除。

【注释】出自唐·杜甫《远怀舍弟颖观等》。

【译文/点评】此言春风起、冬天过的季节物候特点。

江南孟夏天，慈竹笋如编。蜃气为楼阁，蛙声作管弦。

【注释】出自唐·贾弇《孟夏》。孟夏，指初夏，即农历四月。慈竹，即子母竹。蜃（shèn），蛤蜊。蜃气为楼阁，此为古人的一种观点，认为大蛤吹气可成空中楼阁幻景。现代科学证明，这是一种光线折射作用，将远景幻化为海上空中之景，即今天所说的海市蜃楼。管弦，指管乐器与弦乐器，此代指音乐。

【译文/点评】此写江南初夏竹笋如编排、美景如蜃楼、蛙声似音乐的景象。

江浦雷声喧昨夜，春城雨色动微寒。

【注释】出自唐·杜甫《遣闷戏呈路十九曹长》。

【译文/点评】此写春雷催雨、略动春寒的节候特点。

江山不夜月千里，天地无私玉万家。

【注释】出自元·黄庚《雪》。不夜，指月明、雪亮，夜晚如同白昼。玉，比喻雪白如玉。

【译文/点评】此写明月照千里、飞雪入万家的雪夜之景。

江月随人影，山花趁马蹄。

【注释】出自唐·张谓《送裴侍卿归上都》。趁，随。

【译文/点评】此写月升江上，影随行人，落花满山，马蹄生香的春日晚景。

节近重阳念归否，眼前篱菊带秋风。

【注释】出自唐·皇甫冉《寄权器》。

【译文/点评】九月九日重阳节，是家人团聚、登高、赏菊的时光，然而节近重阳，独在异乡，看着眼前篱前的菊花在秋风中怒放，却不能归家，情何以堪？然而诗人却故意反问一句“念归否”，益发使人伤感：不是不念归，而是路遥遥而难归。

今岁今宵尽，明年明日催。寒随一夜去，春逐五更来。

【注释】出自唐·史青《应诏赋得除夜》。

【译文/点评】此写除夕在一年中的特殊意义：今宵过后是明年，寒夜过后春天来。

今夜偏知春气暖，虫声新透绿窗纱。

【注释】出自唐·刘方平《夜月》。

【译文/点评】此写大地复苏、虫声阵阵的春夜情景。

金井梧桐秋叶黄，珠帘不卷夜来霜。

【注释】出自唐·王昌龄《长信秋词五首》。不卷，指卷不掉。

【译文/点评】此写梧桐黄叶落、晚霜逼人来的深秋景象。

荆溪白石出，天寒红叶稀。

【注释】出自唐·王维《阙题二首》。

【译文/点评】此写深秋时节溪水枯落而石出、天寒山树红叶稀的景色。

觉人间，万事到秋来，都摇落。

【注释】出自宋·辛弃疾《满江红》。

【译文/点评】此写秋日万物萧条使人触景生情、感而生悲的情感。

枯桑知天风，海水知天寒。

【注释/点评】出自汉·乐府古辞《饮马长城窟行》。

【译文/点评】此写桑枯秋日至、海水透寒意的深秋季候特点。

狂风落尽深红色，绿叶成荫子满枝。

【注释】出自唐·杜牧《怅诗》。子，果实。

【译文/点评】此写诗人因暮春而生的惆怅之情。或说此诗别有用意，意在感伤他早年所钟爱的女子别嫁他人、结婚生子。因此前句表面上是说狂风扫尽了繁花，实际是双关，指女子已经嫁人、青春不再；后句表面上是说树绿成荫、结满果实，实际关合的是女子已经有了家庭、儿女满堂。

况屈指中秋，十分好月，不照人圆。

【注释】出自宋·辛弃疾《木兰花慢》。况，何况。屈指，弯起手指计算。

【译文/点评】此写中秋佳节月圆人难圆的悲苦之情。

困人天气近清明。

【注释】出自宋·苏轼《浣溪沙》。困，困乏、想睡觉。

【译文/点评】此写时近清明时的春困生理反应。与此相类的还有夏困，民间有句俗语说“人到夏至边，走路要人牵”，说的就是此时人容易犯困的生理反应。

老树呈秋色，空池浸月华。

【注释】出自唐·刘得仁《池上宿》。月华，月亮的光华。

【译文/点评】秋色呈现于老树之上，月华倒映于空池之中。此写秋夜之景。老树、空池都是带有感伤意味的景色，与诗句所要表达的悲秋的主旨配合无垠。

雷惊天地龙蛇蛰，雨足郊原草木柔。

【注释】出自宋·黄庭坚《清明》。龙蛇，此指蛇等冬眠的动物。蛰（zhé），动物冬眠，藏起来不食不动。足，滋润。郊原，田原。草木柔，指草木受雨滋润而变柔复苏。

【译文/点评】春雷阵阵，声动天地，震醒了冬眠的龙蛇；春雨潇潇，细密绵绵，复苏了枯萎的田原草木。此写清明时节春雷、春雨使万物复苏的物候特征。

帘外雨潺潺，春意阑珊。

【注释】出自南唐·李煜《浪淘沙》。阑珊，将尽、衰落的样子。

【译文/点评】此写春雨绵绵、春天将去的景象。

帘虚日薄花竹静，时有乳鸠相对鸣。

【注释】出自宋·苏舜钦《初晴游沧浪亭》。日薄，指日光较弱。

【译文/点评】此写雨后初晴、日光柔和、帘虚竹静、二鸠对鸣的景象，表现的是一种静谧安详的意境。前句直接写静，后句写二鸠对鸣，表面是写喧闹，实际是借闹反衬前面所写的静，用的是烘托之法。

料峭春风吹酒醒，微冷、山头斜照却相迎。

【注释】出自宋·苏轼《定风波》。料峭，指春天微寒。

【译文/点评】此言微寒的春风吹醒了酒意，正好仰头看到了一轮即将西沉的夕阳。此乃写春日的哀景，表现的是词人惆怅悲凉的心情。

流水小桥山下路，马头无处不逢春。

【注释】出自宋 · 崔鶠《黄州道中》。

【译文/点评】此写春日山中到处都是美丽的景色。

柳色孤城里，莺声细雨中。

【注释】出自唐 · 刘长卿《海盐官舍早春》。

【译文/点评】此写城里柳色新、莺鸣细雨中的春日景象。

柳塘春水漫，花坞夕阳迟。

【注释】出自唐 · 严维《酬刘员外见寄》。

【译文/点评】此写春水涨池塘，柳树依水生，夕阳照花坞的景象。

柳阴小艇无人管，自送流花下别溪。

【注释】出自宋 · 吕祖谦《春日》。

【译文/点评】此写小舟系柳荫、花落随水流的春日景象，表现的是一种静谧自然的境界。

六出飞花入户时，坐看青竹变琼枝。

【注释】出自唐 · 高骈《对雪》。六出，指雪花，因雪花晶体呈六角形。琼，美玉。

【译文/点评】此言当雪花飞入户内时，再看外面的竹子已由青变白，仿佛成了美玉之枝。此乃写冬日对竹赏雪的雅趣。

闾庭多落叶，慨然知已秋。

【注释】出自晋 · 陶渊明《酬刘柴桑》。闾，里巷。庭，庭院。慨然，感慨的样子。

【译文/点评】此写诗人秋天见落叶满地而感慨伤感之情。

绿荷多少夕阳中，知为阿谁凝恨、背西风。

【注释】出自宋·秦观《虞美人》。阿谁，谁、何人。凝恨，凝愁生恨。背西风，指荷叶被秋风吹得向东弯曲的样子。

【译文/点评】此以拟人修辞手法，将荷叶人格化，借写荷叶背向西风好似凝恨的形象而抒发词人对秋风摧荷的悲秋感伤之情。

绿罗剪作三春柳，红锦裁成二月花。

【注释】出自唐·奉蚌《思故乡》。绿罗、红锦，都是丝织品。三春，指暮春。

【译文/点评】此言暮春时节杨柳浓绿如绿罗、二月花红如同红锦。此以比喻修辞手法，通过柳与绿罗、花与红锦的对比，让人由此及彼遥想到诗人眼中柳绿花红的春日景象。

绿满山原白满川，子规声里雨如烟。

【注释】出自宋·翁卷《乡村四月》。子规，杜鹃鸟。

【译文/点评】此写杜鹃声声，细雨如烟，山野绿遍，春水涨江的景象。

绿树连村暗，黄花入麦稀。

【注释】出自唐·司空图《独望》。入，指间杂。

【译文/点评】此写浓荫掩村落、麦田杂黄花的春日景象。

绿树阴浓夏日长，楼台倒映入池塘。水晶帘动微风起，满架蔷薇一院香。

【注释】出自唐·高骈《山亭夏日》。水晶帘，指池塘水面像水晶一样清亮。

【译文/点评】此写绿树成荫，楼台映水，微风起浪，蔷薇飘香的夏日景象。

绿杨白鹭俱自得，近水远山皆有情。

【注释】出自宋·苏舜钦《过苏州》。俱，都。自得，自由自在。

【译文/点评】垂柳依依迎风，白鹭盘旋低飞，一派悠然自得的情景，不禁让人顿时觉得远山近水都是那么可爱可亲。此以拟人修辞手法，将绿杨、白鹭、山水人格化，使其带有人的生命情态（“自得”、“有情”），从而化平淡为生动，形象地表达出诗人过苏州时见春日景象时的欣喜之情。

绿杨枝上啭黄鹂，红杏梢头挂酒旗。

【注释】出自明·唐寅《杏林春燕》。啭，鸟婉转地鸣叫。黄鹂，即黄莺。酒旗，古代挂在酒店门前作为招牌的布条。

【译文/点评】此写黄莺鸣于柳树之上、酒旗悬于杏花枝头的春日景象。前句有视觉形象（绿杨之色），也有听觉形象（黄莺之声）；后句有视觉形象（杏花之艳），也有味觉嗅觉形象（酒香之气），可谓“色香味俱全”，让人仿佛有身临其境、如睹如闻的亲切感。

绿阴不减来时路，添得黄鹂四五声。

【注释】出自宋·曾几《三衢道中》。黄鹂，即黄莺。

【译文/点评】此言来去之时都是绿阴满径，只是回来时树间又添了一些黄莺之声。

绿阴生昼静，孤花表春余。

【注释】出自唐·韦应物《游开元精舍》。

【译文/点评】绿树的浓荫使白昼显得格外安静，孤残的花朵显示出时令已是春尽夏至。此写春末夏初的物候特征。

乱云低薄暮，急雪舞回风。

【注释】出自唐·杜甫《对雪》。乱云低薄暮，即薄暮乱云低。回风，指回旋之风。

【译文/点评】此写黄昏时分阴云低垂，回风吹得急速而下的大雪漫天飞舞的景象。

洛阳东风几时来，川波岸柳春全回。

【注释】出自唐·韩愈《感春五首》。

【译文/点评】此写诗人盼望东风起、水边柳绿春天来的急切心情。

落花寂寂啼山鸟，杨柳青青渡水人。

【注释】出自唐·王维《寒食汜上作》。

【译文/点评】此写落花飘飞静无声，众鸟啼鸣春山中，杨柳青青望如烟，依依行人渡河去的情景。此二句正常语序应是“落花寂寂山鸟啼，杨柳青青人渡水”，之所以文字上有上述之倒置，是为了符合诗律的要求。

落花满春光，疏柳映新塘。

【注释】出自唐·储光羲《答王十三维》。

【译文/点评】此写落花纷飞、池柳新绿的春日之景。

落花朝满岸，明月夜披林。

【注释】出自唐·张说《答李伯鱼桐竹》。披，此指笼罩、照。

【译文/点评】此写白天落花满岸、晚上明月照林的暮春景象。

落尽梨花春又了，满地残阳，翠色和烟老。

【注释】出自宋·梅尧臣《苏幕遮》。了，完、尽。翠色和烟老，植物的嫩绿色随着暮霭而变成深绿色。

【译文/点评】此写梨花落尽、残阳铺地、叶色变化的春日晚景。花落、夕阳的意象皆是哀景，以此寄托词人对“落花流水春去也”的伤春惆怅之情。

落蕊飘风去，流莺满树来。

【注释】出自唐·骆宾王《春晚从李长史游开道林故山》。落蕊，落花。流莺，黄莺。

【译文/点评】此写暮春时节落花随风飘、黄莺聚树间的景象。前句写花去，表达的是惋惜之情，后句写莺来，表达的是喜悦之意。

落霞与孤鹜齐飞，秋水共长天一色。

【注释】出自唐·王勃《滕王阁序》。鹜（wù），野鸭子。齐，一起。共，和。

【译文/点评】此写秋天登临滕王阁所见到的南昌胜景。据说，作者当时写出此两句时，主人阎公闻之拍案而叹道："此真天才也，当垂不朽矣！"由此遂成千古名句，传诵历久不衰。其实，这两句也是有所本的，它是仿照北周文学家庾信《马射赋》中的"落花与芝盖齐飞，杨柳共春旗一色"。不过，王勃虽仅改写了其中的七个字，句式结构完全没变，却推陈出新，胜出原句多矣。原句说落花与芝盖（车盖）齐飞，难免有勉强造作的痕迹。而王勃的仿句则将红霞、白鸟、蓝天三色相衬，使诗的意境画面更形丰富生动。同时，让无生命的落霞与有生命的孤鹜并举，画面更生动。秋水与长天一色，也贴切自然，给人以丰富的联想，真可谓是青出于蓝而胜于蓝，说它是化腐朽为神奇，或曰点铁成金，都不为过。

落叶西风时候，人共青山都瘦。

【注释】出自宋·辛弃疾《昭君怨》。西风，指秋风。共，与。青山瘦，指山林叶落萧条的样子。

【译文/点评】此写秋风扫落叶、山林皆萧瑟的秋日之景。"人共青山瘦"，是拟人修辞手法，将青山人格化，生动形象地写出了青山叶落成秋山的萧条景象，从而突显了悲秋感伤的主旨。

马踏春泥半是花。

【注释】出自唐·窦巩《襄阳寒食寄宇文籍》。

【译文/点评】此写寒食节时春雨绵绵、落花满地的情景。

麦风初暖燕争垒，林雨初晴蛙满塘。

【注释】出自宋·草堂后人古杭《春日田园杂兴》。麦风，此指春风。垒，指筑巢。

【译文/点评】此写春风扬麦花，日暖燕筑巢，雨后林初晴，满塘是蛙声的春日景象。

麦随风里熟，梅逐雨中黄。

【注释】出自北周·庾信《奉和夏日应令》。黄，指梅子成熟变黄。

【译文/点评】此言麦子在夏风的吹拂下臻至成熟，梅子在梅雨季节里由青涩而转黄熟。

满城风雨近重阳。

【注释】出自宋·释惠洪《冷斋夜话》卷四所载宋人潘大临诗句。

【译文/点评】重阳节应是天高云淡、神清气爽、把酒赏菊、喜气洋洋的好日子，然而时近重阳，却是满城风雨，这是何等地败兴？让人陡增几许伤感。

满地新蔬和雨绿，半林残叶带霜红。

【注释】出自唐·牟融《送报本寺分韵得通字》。蔬，指蔬菜。和，伴。

【译文/点评】此写雨后新蔬绿、秋风林叶疏、枫叶经霜红的秋日景象。

满眼不堪三月暮，举头已觉千山绿。

【注释】出自宋·辛弃疾《满江红》。不堪，不能忍受。

【译文/点评】此言满眼都是暮春时节的景象，抬头所见则是千山浓绿的景色。意在感叹春天即将过去，表达的是一种留不住春天的惜春、伤春的无奈之情。

满眼游丝兼落絮，红杏开时，一霎清明雨。

【注释】出自南唐·冯延巳《蝶恋花》。游丝，春天虫类所吐的丝飞舞在空中。落絮，飘荡的柳絮。一霎，一会儿。

【译文/点评】此写春天游丝与柳絮共舞、红杏花开清明雨的景象。

满院落梅香，柳梢初弄黄。

【注释】出自宋·谢逸《菩萨蛮》。

【译文/点评】此写早春的景象：梅花落尽而香气犹存之际，春天已经悄然来临，柳梢开始吐出嫩黄的叶芽。

孟冬寒气至，北风何惨慄。

【注释】出自汉·无名氏《孟冬寒气至》。孟冬，指旧历冬季的第一个月，即阴历十月。惨慄，寒极貌。

【译文/点评】此写初冬的节候特点。

明月照积雪，朔风劲且哀。

【注释】出自南朝宋·谢灵运《岁暮》。朔风，北风。劲，强劲。哀，指凄厉。

【译文/点评】此写冬夜冷月照雪、北风凄厉的景象。

漠漠轻寒上小楼，晓阴无赖似穷秋。

【注释】出自宋·秦观《浣溪沙》。漠漠，轻淡的样子。晓阴，早上的阴云。无赖，令人讨厌。穷秋，深秋。

【译文/点评】此写暮春晓寒恰似深秋的情景。

木落山觉瘦，雨晴天似高。

【注释】出自宋·刘敞《秋晴西楼》。

【译文/点评】此写秋天山林萧条、雨后秋高气爽的景象。

木落雁南度，北风江上寒。

【注释/点评】出自唐·孟浩然《早寒江上有怀》。

【译文/点评】此写黄叶飘零，北雁南飞，北风起，江水寒的深秋之景。

暮声杂初雁，夜色涵早秋。

【注释】出自唐·储光羲《题陆山人楼》。暮声，指夜幕降临后风声、虫鸣声等自然界的各种声响。初雁，指大雁开始由北往南迁飞。

【译文/点评】此写早秋黄昏的景象：暮声夹杂着零星的大雁之声，夜色中渗透着早秋的气息。

南园桃李花落尽，春风寂寞摇空枝。

【注释】出自唐·杨凌失题诗句。

【译文/点评】此写桃李花落尽、枝上无花朵的暮春之景。“春风寂寞”的拟人修辞手法，将春风人格化，明写春风，实写诗人对“流水落花春去也”的惜春之情与伤春惆怅。

恼人天气又春阴。

【注释】出自宋·晏殊《浣溪沙》。

【译文/点评】此写春日偏逢阴雨的烦恼之情。

袅袅兮秋风，洞庭波兮木叶下。

【注释】出自先秦·屈原《九歌·湘夫人》。袅袅(niǎo)，微风吹拂的样子。兮，句中语气助词，相当于“啊”。波，此作动词用，波浪涌起。木叶，树叶。

【译文/点评】此写秋风阵阵，秋叶飘零，洞庭湖水波荡漾的秋日之景。

暖日晴风初破冻，柳眼梅腮，已觉春心动。

【注释】出自宋·李清照《蝶恋花》。柳眼梅腮，指柳树吐芽就像人睁开了眼睛，梅花由白转红就像女子的腮红。

【译文/点评】此写在暖风晴日的催动下，残冬过去，柳绿梅红，春天来临的景象。此以拟人修辞手法写之，将梅柳人格化，使人倍感其亲切可爱。

浦树悬秋影，江云烧落晖。

【注释】出自唐·张说《岳州别赵国公主十一琚入朝》。浦，水边、岸边。悬秋影，指秋天树叶变黄变红。烧落晖，指落霞红似火的样子。

【译文/点评】此写浦树显秋色、江云映晚霞的景象。

凄凄岁暮风，翳翳经日雪。倾耳无希声，在目皓已洁。

【注释】出自晋·陶渊明《癸卯岁十二月中作与从弟敬远》。凄凄，寒凉的样子。岁暮，年底、深冬。经日，一整天。翳翳（yì），遮蔽的样子。倾耳，侧耳。希，少。皓，白。

【译文/点评】此写隆冬时节寒风呼啸，大雪纷飞，落地无声，触眼尽白的风雪景象。“凄凄”写风寒之状，“翳翳”状大雪迷茫之貌，两个叠字的运用，使所写冬日风寒雪大之景如在目前，让人有如临其境之感。

萋萋总是无情物，吹绿春风又一年。

【注释】出自唐·唐彦谦《春草》。萋萋，代指春草。

【译文/点评】此言春风吹绿了小草，新的一年又开始了。这是平常的表意，本无什么诗意，但诗人以拟人修辞手法，将小草人格化，使其带有人的生命情态（“无情”），遂使平淡情事顿然生动起来，读之令人兴味盎然。

气变知时易，不眠知夕永。

【注释】出自晋·陶渊明《杂诗十二首》。气，气候。时，季节。易，改变、变化。夕，夜。永，长。

【译文/点评】气候变化了才知季节已轮换，辗转不成眠才知黑夜之漫长。此乃对季节及时间的体认之辞。

钱塘春色浓如酒，贪醉花间卧不还。

【注释】出自宋·郭从周《赠何中正》。钱塘，即今之杭州。

【译文/点评】此写杭州春色之美以及诗人对春天的喜悦之情。前句以比喻修辞手法写春色的浓郁，后句直写恋花而不忍归去的喜春之情。

墙头雨细垂纤草，水面风回聚落花。

【注释】出自唐·张蠙《夏日题老将林亭》。纤，细。水面风回，指风吹水面而打旋的样子。

【译文/点评】此写细雨吹打墙头纤草、落花被风吹得水面打旋的夏日景象。

侵陵雪色还萱草，漏泄春光有柳条。

【注释】出自唐·杜甫《腊日》。侵、陵，皆侵犯之义。萱草，即忘忧草，古人以为此草可以使人忘记忧愁。雪色，指冬天。

【译文/点评】萱草露出地面，冬天也就过去了；柳条吐芽，春天也就到来了。此言春天到来的物候特征：萱草生，柳枝绿。萱草侵陵雪色，柳条泄漏春光，都是拟人修辞手法，将草木人格化，使表达更加生动形象。

青梅如豆柳如眉，日长蝴蝶飞。

【注释】出自宋·欧阳修《阮郎归》词。

【译文/点评】此写青梅初结、柳叶刚吐，白昼渐长、蝴蝶纷飞的春日景象，表现的是一种春归的欣喜之情。

清明时节雨纷纷，路上行人欲断魂。借问酒家何处有，牧童遥指杏花村。

【注释】出自唐·杜牧《清明》。清明，时间大致在农历三月初三，寒食节前两天。断魂，指极度的伤感。

【译文/点评】清明节本是家人团聚或合家上坟祭拜祖先的日子，然而诗人却是行旅之人，孤身一人在千里之外，而且此时还下着绵绵不绝的春雨，这怎么不叫诗人悲从中来，感到无限的伤感呢？伤感无奈，“何以解忧，唯有杜康”（曹操《短歌行》）。于是，想起了借酒浇愁。那么，酒何处可找？自然是酒家。于是，自然逼出三四两句的一问一指。前两句写春雨行路遇清明的伤感之情，以叠字“纷纷”摹写春雨绵绵不断的情状，以“断魂”夸张突显“每逢佳节倍思亲”的极度伤感之情。后两句写忧愁的解决之道，以一问一指的戏剧性情节予以展现，给人以无限的回味空间。正因为如此，所以后人有戏改此诗为剧本形式者：

［清明时节］［雨纷纷］

路上行人（欲断魂）：“借问酒家何处有？”

牧童（遥指）：“杏花村。”

晴日暖风生麦气，绿阴幽草胜花时。

【注释】出自宋·王安石《初夏即事》。麦气，指麦子成熟的气息。

【译文/点评】此写初夏时节风送麦香，繁花已谢，绿树成荫，幽草萋萋的夏日景象。

秋风吹白波，秋雨鸣败荷。平湖三十里，过客感秋多。

【注释】出自元·萨都剌《过高邮射阳湖杂咏九首》。败荷，枯残的荷叶。

【译文/点评】此写秋风起浪，秋雨打荷，平湖广阔，过客愁多的秋日之景与感慨。

秋风人渡水，落日雁飞天。

【注释】出自唐·柳中庸《扬子途中》。

【译文/点评】此写秋日行旅之途所见景象：秋风萧瑟，落日依山，人在渡口，雁飞于天。

秋风万里动，日暮黄云高。

【注释】出自唐·岑参《巩北秋兴寄崔明允》。

【译文/点评】此写黄昏时分秋风强劲，搅动万里黄尘，遮天蔽日的景象。

秋景有时飞独鸟，夕阳无事起寒烟。

【注释】出自宋·林逋《孤山寺端上人房写望》。有时飞独鸟，即时有独鸟飞。起寒烟，指阳光折射下的山水景物就像烟雾一般，让人不禁生出一种寒意。

【译文/点评】此写孤鸟独飞、夕阳西下、寒烟远起的秋日之景，颇有一种孤寒哀伤的情调。

秋气堪悲未必然，轻寒正是可人天。绿池落尽红蕖却，荷叶犹开最小钱。

【注释】出自宋·杨万里《秋凉晚步》。堪，能够、可以。可，适宜。红蕖（qú），荷花。却，凋谢。犹，还。最小钱，指新长出的荷叶像最小的铜钱那样大。

【译文/点评】此言秋天到来虽然让人生悲，但轻寒的天气却也是甚合人意的；一池绿水虽然落满了凋谢的荷花，但枯死的荷叶却又长出铜钱一样大的新叶。此乃抒发对秋天可人天气与荷叶新发的欣喜之情，与惯常文人见秋即悲的思路大不相同，不失为一种积极的人生态度。

秋容老尽芙蓉院，草上霜花匀似剪。

【注释】出自宋·秦观《木兰花》。芙蓉，即荷花。

【译文/点评】此以拟人与比喻修辞手法，写荷花凋谢、秋意渐浓、草上着霜、均匀似剪的秋日景象。

秋色无远近，出门尽寒山。

【注释】出自唐·李白《赠庐司户》。无，无论。寒山，指没有生气、树叶落尽、令人望之而生寒意的山。

【译文/点评】此写深秋之时触目尽是秋色寒山的萧条景象。

秋山野客醉醒时，百尺老松衔半月。

【注释】出自唐·施肩吾《秋夜山居》。

【译文/点评】此写行人醉醒所见秋夜月隐老松枝头的景象，突显的是行旅之客的山中寂寞之情。

秋声万户竹，寒色五陵松。

【注释】出自唐·李颀《望秦川》。

【译文/点评】此写秋天万物萧条，唯有松竹在秋风寒霜中屹立不败的景象。既是写景，也是借景抒发对高尚君子人格的赞美之情。

秋宵月色胜春宵，万里霜天静寂寥。

【注释】出自唐·戎昱《戏题秋月》。宵，夜。寂寥，寂静。

【译文/点评】此言秋日天高气爽，秋夜月色明亮皎洁胜过春夜。

秋阴不散霜飞晚，留得枯荷听雨声。

【注释】出自唐·李商隐《宿骆氏亭寄怀崔雍崔兖》。

【译文/点评】此言秋天的阴霾不散，似有雨意，故秋霜也降得晚了；荷赖无霜而幸留枯叶，若是下雨，倒是可听雨打枯荷之声。前句是写眼前之景，后句则是由景而生臆测之辞。秋阴不散，是否一定就会下雨？未必。因此雨打枯荷实际只是诗人的一种期待，突显的是诗人秋日羁旅的寂寞与无聊之情。因此，后句尤其赢得了历代文人的掉头苦吟。《红楼梦》中写林黛玉非常欣赏这一句，其实正是曹雪芹为中国历代文人写心。

秋雨一何碧，山色倚晴空。

【注释】出自宋·方岳《水调歌头》。一何，多么。

【译文/点评】此写秋雨过后树更绿，雨后初晴山色新的景象。

人烟寒橘柚，秋色老梧桐。

【注释】出自唐·李白《秋登宣城谢朓北楼》。

【译文/点评】炊烟袅袅，橘柚带寒，秋意渐浓，梧桐叶黄。此写深秋萧条之景。

日长篱落无人过，惟有蜻蜓蛱蝶飞。

【注释】出自宋·范成大《四时田园杂兴》。惟，只。蛱蝶，蝴蝶。

【译文/点评】此写初夏白昼渐长，院落无人，蜻蜓蝴蝶自在飞的田园静谧之景。

日暖泥融雪半消，行人芳草马声骄。

【注释】出自唐·杜牧《宣州送裴坦判官往舒州时牧欲赴官归京》。

【译文/点评】此写日暖冻土解，残雪犹未消，行人芳草外，马鸣声似骄的早春景象。

日往月来，星移斗换。

【注释】出自明·冯梦龙《古今小说·明悟禅师赶五戒》。

【译文/点评】此言四季节令的推移变化就在日升月落、星斗转换中悄无声息而又有规律地进行着。

软草平莎过雨新，轻沙走马路无尘。

【注释】出自宋·苏轼《浣溪沙》。莎，莎草，一种多年生草本植物。走马，跑马。

【译文/点评】此写雨过天青、青草细软、走马如飞、尘土不起的雨后春景。

弱柳千条杏一枝，半含春雨半垂丝。

【注释】出自唐·温庭筠《题望苑驿》。弱柳，指刚刚吐芽返绿的柳树。垂丝，指柳树垂下的像丝一样的细枝。

【译文/点评】此写初春时节弱柳垂枝、杏花含雨的盎然生机。

弱柳未胜寒食雨，好花争奈夕阳天。

【注释】出自唐·张泌《春日旅泊桂州》。弱柳，指刚吐芽的柳枝。寒食，寒食节。争奈，怎奈、无奈。

【译文/点评】此言柳枝刚刚吐出嫩芽，却遭遇寒食节的冷雨；花开令人欣喜，无奈夕阳西下，无法赏花。此言初春观景的美中不足之感。

飒飒东风细雨来，芙蓉塘外有轻雷。

【注释】出自唐·李商隐《无题四首》。飒飒（sà），风声。

【译文/点评】此写春天东风飒飒、细雨蒙蒙、轻雷阵阵的天气特征。

山明水净夜来霜，数树深红出浅黄。

【注释】出自唐·刘禹锡《秋词二首》。深红出浅黄，由浅黄转为深红。

【译文/点评】此写林木经霜而黄叶转红、露珠未干更显山明水净的秋日景象。

山抹微云，天粘衰草，画角声断谯门。

【注释】出自宋·秦观《满庭芳》。画角，军中使用的绘有图画的号角。谯（qiáo）门，建在城门上的楼，用以瞭望敌情。

【译文/点评】此写山浮微云、枯草飞天、画角声响彻城上鼓楼的秋日景象。

山色浅深随夕照，江流日夜变秋声。

【注释】出自清·宋琬《九日同姜如龙王西樵程穆倩诸君登慧光阁饮于竹圃分韵》。变秋声，指由于秋季为枯水期，河水奔流之声听来也与夏季有所不同。

【译文/点评】此言夕阳西下，山色随之而由浅而深；江河奔流，日夜水流之声都显秋声。虽是写秋天萧条之景，但有声有色，读来也别有一种凄切的美感。

诗家清景在新春，绿柳才黄半未匀。

【注释】出自唐·杨巨源《城东早春》。

【译文/点评】诗人眼中最高的景致是在早春，柳树刚刚吐芽，嫩黄而未均匀。此言最好的景色是在初春，春光乍现而又前景无穷。

时维九月，序属三秋。

【注释】出自唐·王勃《滕王阁序》。维，句中语气词，帮助判断。序，时序。

【译文/点评】此言九月是秋天的第三个阶段。

时有落花至，远随流水香。

【注释】出自唐·刘虚《阙题》。

【译文/点评】此写落花随流水、花香传四方的暮春景象。

时在中春，阳和方起。

【注释】出自汉·司马迁《史记·秦始皇本纪》。中春，即仲春。春天分初春、仲春、暮春。阳和，指春日和暖之气。方，刚刚。

【译文/点评】此言仲春时节是春气始动、大地复苏之时。

试上高楼清入骨，岂如春色嗾人狂。

【注释】出自唐·刘禹锡《秋词二首》。清入骨，指秋天的景色给人一种清澈入骨的感觉。嗾（sǒu），嗾使、怂恿。

【译文/点评】此言秋景清澈，使人冷静，不像春景浓艳而让人癫狂。

是处红衰翠减，苒苒物华休。

【注释】出自宋·柳永《八声甘州》。是处，到处。红，指花。翠，指绿叶。红衰翠减，指花谢叶落。苒苒（rǎn），草盛的样子。华，精华、美好的东西。物华，此指美景。休，衰歇。

【译文/点评】此写秋日到处花谢叶衰、美景不再的景象。

谁挥鞭策驱四运？万物兴歇皆自然。

【注释】出自唐·李白《日出入行》。四运，指四季。

【译文/点评】此言季节轮换、万物兴衰都源自自然规律。

谁将平地万堆雪，剪刻作此连天花。

【注释】出自唐·韩愈《李花二首》。

【译文/点评】此以夸张与比喻修辞手法，极写积雪之厚，上与天齐，雪堆形似连天花的景象。

首夏犹清和，芳草亦未歇。

【注释】出自南朝宋·谢灵运《游赤石进帆海》。首夏，指农历四月，即初夏。犹，还。芳草，花草。亦，也。未歇，没有盛极而衰。

【译文/点评】此言初夏时节天气清和，花草的生长还未盛极而衰的物候特点。

树树皆秋色，山山唯落晖。

【注释】出自唐·王绩《野望》。

【译文/点评】此写秋日树黄叶落、夕阳在山的景象，虽然有些悲凉，却有一种凄美的意境，令人低回再三。

树树秋声，山山寒色。

【注释】出自北周·庾信《谯国公夫人步陆孤氏墓志铭》。秋声，指秋风之声。寒色，指草木枯萎萧条之色。

【译文/点评】此以“树树”、“山山”两个叠字极力描写秋风寒色无所不在的萧条景象。

霜严衣带断，指直不得结。

【注释】出自唐·杜甫《自京赴奉先县咏怀五百字》。霜严，霜浓。指直，手指冻僵而不能打弯。不得，不能。

【译文/点评】此言衣带欲冻断、指直不能弯，意在强调天气的极度寒冷。

水声冰下咽，沙路雪中平。

【注释】出自唐·刘长卿《酬张夏雪夜赴州访别途中苦寒作》。咽，呜咽。

【译文/点评】前句以拟人修辞手法将水声人格化，突显天气之冷；后句直叙积雪之厚。以此，给人留下了冬日苦寒的深刻印象。

四时更变化，岁暮一何速。

【注释】出自汉·无名氏《古诗十九首·东城高且长》。更，交替。岁暮，一年结束。一何，何等、多少。速，快。

【译文/点评】四时交替变化，一年过得怎么这样快。这是感叹时光易逝之辞。

四时有不谢之花，八节有长青之草。

【注释】出自清·李汝珍《镜花缘》第一回。八节，古人以立春、立夏、立秋、立冬、春分、夏至、秋分、冬至为八节。

【译文/点评】此乃夸言名园四季花草不绝之辞。

宿雨朝来歇，空山秋气清。

【注释】出自唐·李端《茂陵山行陪韦金部》。宿雨，昨夜之雨。朝来，早上。

【译文/点评】此写雨过天晴、空气清新的秋日山中之景。

桃花春水渌，水上鸳鸯浴。

【注释】出自唐·韦庄《菩萨蛮》词。渌（lù），水清澈。

【译文/点评】此写桃花盛开、鸳鸯戏水于清澈河水之中的春日景象。

天不言而四时行，地不语而百物长。

【注释】出自唐·李白《上安州裴长史书》。

【译文/点评】此言天地的无私与伟大，化自《论语·阳货》所记孔子语："天何言哉？四时行焉，百物生焉，天何言哉？"

天地革而四时成。

【注释】出自先秦《周易·革》。革，变化。四时，四季。

成，形成。

【译文/点评】天地运动变化，便有了春夏秋冬四季的形成。此言四季的变化源于天地的运动，这种认识在今天看来还是对的。

天寒色青苍，北风叫枯桑。厚冰无裂文，短日有冷光。

【注释】出自唐·孟郊《苦寒吟》。苍，灰白色。叫，吼叫。文，纹。

【译文/点评】此写冬日天寒无绿色，北风摧枯桑，冰厚难融化，日短阳光寒的景色。

天何言哉？四时行焉，百物生焉，天何言哉？

【注释】出自先秦《论语·阳货》。哉，呢。

【译文/点评】天说过什么呢？春夏秋冬四季都运行于天，百物生长都依靠于天，天又说过什么呢？此言乃是赞美天的伟大无私。

天上秋期近，人间月影清。

【注释】出自唐·杜甫《月》。

【译文/点评】此写季节轮替、秋天期近、月白风清的初秋景象。

天水碧，染就一江秋色。

【注释】出自宋·周密《闻鹊喜》。染就，染成。

【译文/点评】此写水天一色，秋景倒映江中的秋日之景。

天之于物，春生秋实。

【注释】出自宋·欧阳修《秋声赋》。之，放在主谓语之间，取消句子的独立性。生，生长。实，结果实。

【译文/点评】大自然（天）对万物的安排是春天生长，秋天结果实。此言植物的生长与收获是依大自然规律而进行的。

迢迢新秋夕，亭亭月将圆。

【注释】出自晋·陶渊明《戊申岁六月遇火》。迢迢，遥远的样子，此指长。亭亭，此指高高的样子。

【译文/点评】此写初秋时节夜渐长、月将圆的景象与季候特点。

亭皋木叶下，陇首秋云飞。

【注释】出自南朝梁·柳浑《捣衣诗》。皋（gāo），水边之地。亭皋，指水边高地。陇，田埂。陇首，山名，在今陕西与甘肃之间。此处陇首，根据上下文是指田地尽头。

【译文/点评】水边高地黄叶落，田地尽头秋云飞。此写秋天叶落云飞的景象。

庭前时有东风入，杨柳千条尽向西。

【注释】出自唐·刘方平《代春怨》。

【译文/点评】此写东风时入庭、吹柳尽西斜的情景。

晚趁寒潮渡江去，满林黄叶雁声多。

【注释】出自清·王士祯《江上》。

【译文/点评】此写满林黄叶、雁叫声声的秋日晚景，意在突显诗人寒潮渡江的凄凉心情。

万壑泉声松外去，数行秋色雁边来。

【注释】出自元·萨都剌《梦登高山得诗二首》。壑，山沟、山谷。

【译文/点评】此言众泉出谷之声淹没在秋风松涛之中，看着几行南来的北雁始知秋色已渐渐逼近。此虽写秋天的萧条之景，却充满了阔大的气象。远景与近景、听觉与视觉都配合得很好，读之有一种宏大而凄切的美感。

万树江边杏，新开一夜风。满园深浅色，照在绿波中。

【注释】出自唐·王涯《春游曲》。

【译文/点评】此写一夜东风催开了万树杏花，满园深浅不一的杏花倒映在春水之中的春景。

万叶秋声里，千家落照时。

【注释】出自唐·钱起《题苏公林亭》。落照，夕阳残照。

【译文/点评】此写万树叶落瑟瑟有声，夕阳西下映照千家的秋日晚景。

万紫千红总是春。

【注释】出自宋·朱熹《春日》。

【译文/点评】此言春天是百花齐放、姹紫嫣红的时节。此句正常的语序是“春总是万紫千红”，之所以要写成“万紫千红总是春”，那是因为诗的格律与节拍的要求。前句是“等闲识得东风面”，意谓到处都可感受到春风拂面的温柔气息。

未辞花事骎骎盛，正喜湖光淡淡晴。

【注释】出自元·杨载《暮春游西湖北山》。骎骎（qīn qīn），马跑得很快的样子，此指花开得快而繁盛。未辞花事，即“花事未辞”的倒装，是诗句对仗的需要。

【译文/点评】虽是暮春时节，繁花并不推辞为春天增色，仍然开得非常繁盛；虽然细雨朦胧，但从北山放眼望去，西湖仍是晴光一片，只是远望有些略显浅淡而已。这是写细雨中西湖的湖光山色。前句用拟人修辞手法，用“未辞”二字将花儿人格化，拉近了人与花的距离。由此，与后句诗人“正喜”的情感相呼应，突出表现了诗人暮春时节细雨之中观赏湖光山色、花柳草木的喜悦之情。

我歌今与君殊科，一年明月今宵多。

【注释】出自唐·韩愈《八月十五夜赠张功曹》。君，对他人的尊称，相当于您。科，类别。殊科，不是一个类别，即不相同。

【译文/点评】此写对八月十五中秋之夜月亮的偏爱之情。

午睡渐多浓似酒，韶华已入东君手。

【注释】出自宋·周邦彦《蝶恋花》。韶华，指美好的年华。东君，指春神。

【译文/点评】此言到了春天人有嗜睡的生理反应，大好的青春时光都被春神夺走了，意谓春困夺走了人许多美好的时光。此与唐人孟浩然《春晓》“春眠不觉晓”的诗句在语义上有异曲同工之妙。

雾中分晓日，花里弄春禽。

【注释】出自唐·杨师道《春朝闲步》。

【译文/点评】此写朝日冲破晨雾磅礴而出，鸟儿欢唱于春花之中的景象。

溪深难受雪，山冻不流云。

【注释】出自清·洪昇《雪望》。

【译文/点评】此写溪深融雪、天寒云静的冬日山中之景。

细听春山杜宇啼，一声声是送行诗。

【注释】出自宋·辛弃疾《浣溪沙》。杜宇，即杜鹃，俗称布谷鸟。

【译文/点评】此写人在旅途，听春天山中杜鹃鸟鸣恰似吟咏送行诗的感觉。

夏半阴气始，淅然云景秋。

【注释】出自唐·韩愈《送刘师服》。淅（xī）然，风吹的样子。

【译文/点评】此言夏天过半后暑气渐退、阴气始生、风吹之声颇带秋意。

咸阳二三月，宫柳黄金枝。

【注释】出自唐·李白《古风》。宫柳，宫中柳树。

【译文/点评】此写咸阳春天宫柳的颜色。“黄金枝”是比喻其枝叶嫩黄之状，生动形象，易使人生发丰富的联想。

相逢不用忙归去，明日黄花蝶也愁。

【注释】出自宋·苏轼《九日次韵王巩》。明日，指重阳节后。

【译文/点评】此言既然相逢于重阳佳节而对菊饮酒，就不必忙着归去。重阳过后菊花就要枯萎，蝴蝶也要为无花可寻而发愁了，其意是劝友人要及时行乐、莫负良辰美景，同时也带有一种深深的悲秋之情。成语“明日黄花”即源于此，今人误解成语，多写作“昨日黄花”。

湘江二月春水平，满月和风宜夜行。

【注释】出自唐·元结《欸乃曲五首》（其二）。满月，月圆。和风，温和的风、细风。

【译文/点评】此写二月春水涨江，水波不兴，月圆风细，客舟夜行的景象。

湘山木落洞庭波，湘水连云秋雁多。

【注释】出自唐·郎士元《夜泊湘江》。湘山，此指洞庭湖中的君山。湘水，指湘江。

【译文/点评】此写君山落叶飘入洞庭湖中，湘江天水相连，北雁南归衡山过冬的秋日景象。

萧萧远树疏林外，一半秋山带夕阳。

【注释】出自宋·寇准《书河上亭壁》。

【译文/点评】此写疏林之外落叶萧萧，夕阳残照映红了半个山头的秋日之景。落叶、秋山、夕阳，都是衰飒之景，故读来别有一种深深的悲秋之情。

小池残暑退，高树早凉归。

【注释】出自唐·沈佺期《夏晚寓直省中》。

【译文/点评】此写夏夜池边暑退树凉的情状。

斜阳疏竹上，残雪乱山中。

【注释】出自唐·韩翃《褚主簿宅会毕庶子钱员外郎使君》。

【译文/点评】此写夕阳照于疏竹之上、积雪残留于远山之中的冬日晚景。虽然所写是哀景，但夕阳之红、疏竹之绿、残雪之白，三色配合，遂使画面鲜亮起来，别有一种凄美的诗意与美感。

谢却海棠飞尽絮，困人天气日初长。

【注释】出自宋·朱淑真《即景》。

【译文/点评】此写海棠花谢，柳絮飞尽，夏日渐至，日长人困的初夏景象与天气特征。

喧鸟覆春洲，杂英满芳甸。

【注释】出自南朝梁·谢朓《晚登三山还望京邑》。洲，水中的小块陆地。英，花。甸，古代指郊外的地方。

【译文/点评】此写春天的沙洲之上到处是鸟鸣与鲜花盛开的景象。前句着重于听觉形象，后句着重于视觉形象，因而读之让人有如临其境之感。

旋扑珠帘过粉墙，轻于柳絮重于霜。

【注释】出自唐·李商隐《对雪二首》。

【译文/点评】此写飞雪入帘过墙、无孔不入的情景及雪花与柳絮、浓霜同中有异的形象。

雪消门外千山绿，花发江边二月晴。

【注释】出自宋·欧阳修《春日西湖寄谢法曹歌》。

【译文/点评】此写冬去春来，雪消山绿，花开江边，春风送暖的二月景象。

烟开兰叶香风暖，岸夹桃花锦浪生。

【注释】出自唐·李白《鹦鹉洲》。

【译文/点评】此写春风和煦，雾霭散去，兰叶飘香，桃树夹岸，落花逐水的景象。

烟岚十里光，松桂四时色。

【注释】出自宋·范师道《天平山》。岚（lán），山上的雾气。

【译文/点评】此写天平山美丽的景色。前句写其雾霭笼罩的神秘感，后句写其四季景色不同的奇异感。

烟笼修竹，月在寒溪。

【注释】出自宋·杨无咎《柳梢青》。修，长、细。

【译文/点评】此写雾笼竹林、月映溪水的雪夜之景（前有“茅舍疏篱，半飘残雪”之句）。

烟络横林，山沉远照，逦迤黄昏钟鼓。

【注释】出自宋·贺铸《伴云来》。络，此指笼罩。远照，指夕阳。逦迤（lǐ yǐ），曲折绵延的样子，此指绵绵不断的样子。

【译文/点评】此写烟雾笼罩丛林，夕阳隐于西山，钟鼓之声不绝的晚景，表现的是一种自然冲淡的境界。

烟水初销见万家，东风吹柳万条斜。

【注释】出自唐·窦巩《襄阳寒食寄宇文籍》。烟水，此指烟雾水气。见（xiàn），现、显现。

【译文/点评】此写寒食节时春雨初晴，烟消云散，万户人家，东风吹柳的春日景象。

燕山雪花大如席，纷纷吹落轩辕台。

【注释】出自唐·李白《北风行》。轩辕，指黄帝，黄帝称轩辕黄帝。轩辕台，据说为黄帝擒蚩尤之处。

【译文/点评】此写纷飞的雪花从轩辕台上吹落而下的情景。“燕山雪花大如席”是夸张，也是比喻，突出强调了燕山雪花之大、冬日之寒。

严冬不肃杀，何以见阳春。

【注释】出自唐·吕温《孟冬蒲津关河亭作》。肃杀，指秋冬季节天气寒冷、草木枯萎的样子。

【译文/点评】此言经过严酷的冬天，才会迎来春暖花开的春天。此与英国诗人雪莱的名言“冬天来了，春天还会远吗”，有异曲同工之妙。

岩溜喷空晴似雨，林萝碍日夏多寒。

【注释】出自唐·方干《题报恩寺上方》。岩溜，指岩石间的泉水与瀑布。林萝，树林与藤萝。

【译文/点评】此写报恩寺泉水奔流于岩间，晴日如同雨天，林木茂盛、藤萝蔽日的夏日阴凉之状。

雁度池塘月，山连并邑春。

【注释】出自唐·周贺《长安送人》。邑（yì），国都、民众聚居之地。并邑，此指相邻的几个地区，代指到处。

【译文/点评】此写月夜大雁飞过池塘，山野到处都是春光的景象。

雁落平沙一雨收，淡烟斜日荻花洲。

【注释】出自宋·黄极《秋日渡江》。平沙，平坦的沙滩。

雨收，雨停。荻（dí），一种草本植物。洲，水中小块陆地。

【译文/点评】此写雨停雁落平沙，夕阳西下，暮霭掩映荻花小洲的景象。

燕子不归春事晚，一汀烟雨杏花寒。

【注释】出自唐·戴叔伦《苏溪亭》。汀（tīng），水边平地。

【译文/点评】此写暮春时节的物候景象：燕子飞去，杏花盛开，春雨微寒。

燕子来时新社，梨花落后清明。

【注释】出自宋·晏殊《破阵子》。新社，此指春社，即古代在立春后第五个戊日祭祀土神的活动。

【译文/点评】此以燕子来、梨花落的物候特征来交代春社、清明二节的时间，既生动形象，又便于记忆。

阳春白日风花香。

【注释】出自晋·乐府古辞《晋白纻舞歌诗三首》。

【译文/点评】此写春天的物候特征及景色：春气萌动，阳光和煦，轻风不寒，花开飘香。

阳春布德泽，万物生光辉。

【注释】出自汉·乐府古辞《长歌行》。阳春，春天。布，施。

【译文/点评】此言春天对大地万物的恩惠。

阳春二三月，草与水同色。

【注释】出自晋·乐府古辞《孟珠》。

【译文/点评】此写春天绿草映春水、水与草一色的景象。

杨柳不遮春色断，一枝红杏出墙头。

【注释】出自宋·陆游《马上作》。

【译文/点评】此言杨柳遮不住春色、红杏报春窜出墙头。言“一枝”，意谓是早春。“红杏出墙头”，以拟人修辞手法写出了红杏的生命情态，让人自然联想到美人窥窗而望的形象。后人以“红杏出墙”喻指女人行为出轨、别有新欢，应该说是与此形象有关联的。

摇落江天万木空，雁行斜戛塞垣风。

【注释】出自五代·刘兼《秋夕书事》。戛（jiá），此指雁叫之声。塞垣，边塞。

【译文/点评】此写秋风之中树木凋零，山河萧瑟，秋风劲吹，雁阵斜行的景象。

摇落暮天迥，青枫霜叶疏。

【注释】出自唐·刘长卿《余干旅舍》。迥（jiǒng），远。

【译文/点评】此写秋日黄昏时分所见之景：草木凋零，天空显得更为高远；霜打叶疏，青枫枝上更显萧瑟。

野渡花争发，春塘水乱流。

【注释】出自唐·李嘉祐《送王牧往吉州谒王使君叔》。野渡，荒野少人的渡口。

【译文/点评】此写野渡花开、春塘水流的自然之趣。“花争发”，写花开之盛、之多；“水乱流”，写春水漫流而不受约束的自然之态。“争”、“乱”二字皆是人格化的写法，拉近了自然与人的关系，使所写的春景更显亲切有味。

野芳发而幽香，佳木秀而繁阴，风霜高洁，水落石出者，山间之四时也。

【注释】出自宋·欧阳修《醉翁亭记》。……者……也，古汉语判断句形式之一，相当于“……是……”。野芳，野花。发，开。木，树。秀，茂盛。繁阴，浓郁的绿荫。风霜高洁，指秋天风高霜洁。

【译文/点评】春天野花开而清香幽远，夏天佳树茂盛而绿荫浓郁，秋天风高霜白，冬天水枯而河中石头突出，这就是山间的四时景色。此从花、树、风霜、水石着笔，将“环滁皆山也”的山中四季景色形象地展现出来，让人如临其境。

野凫眠岸有闲意，老树着花无丑枝。

【注释】出自宋·梅尧臣《东溪》。凫（fú），野鸭。

【译文/点评】此写春天野鸭眠于岸边的悠闲情景与老树开花顿添活力的情趣。

野花常捧露，山叶自吟风。

【注释】出自唐·王勃《秋日仙游观赠道士》。

【译文/点评】此以拟人修辞手法，将野花、山叶人格化，使其带有人的生命情态（“捧露”、“吟风”），从而将平常情事艺术化，形象生动地再现了秋日山中野花沐露、树叶迎风的景象。

野花看欲尽，林鸟听犹新。

【注释】出自唐·张九龄《送韦城李少府》。欲，将要。犹，还。

【译文/点评】此写野花零落将尽、林鸟啼鸣犹欢的暮春景象。

夜半酒醒人不觉，满池荷叶动秋风。

【注释】出自唐·窦巩《秋夕》。不觉，睡不着。

【译文/点评】此写夜闻秋风吹荷之声而动悲秋之情。

夜深知雪重，时闻折竹声。

【注释】出自唐·白居易《夜雪》。

【译文/点评】此言夜深雪大，压断竹枝。“时闻”表明诗人未眠，暗示出诗人有雪夜赏雪的雅兴。

一春常是雨和风，风雨晴时春已空。

【注释】出自宋·陆游《豆叶黄》。

【译文/点评】此言一个春天都是风与雨，待到雨过风住时，春天已经过去了，其意是抱怨风雨破坏了人们对春天的情兴。

一阶春草碧，几片落花轻。

【注释】出自宋·翁卷《春日》。

【译文/点评】此写春草上阶绿、落花轻飘飞的春日景象。“一阶”，意谓“满阶”，突出表现春草蔓延之状。“几片”言落花之少，意谓此时并非暮春，花事尚盛。“落花轻”，暗中点出无风。

一年好景君须记，最是橙黄橘绿时。

【注释】出自宋·苏轼《赠刘景文》。君，对他人的尊称，相当于“您”。

【译文/点评】此写诗人对深秋果物丰收的喜悦之情。

一声山鸟曙云外，万点水萤秋草中。

【注释】出自唐·许浑《自楞伽寺晨起泛舟道中有怀》。

【译文/点评】此写拂晓时分孤鸟飞天外、萤火映水草的秋日之景。“一声”，言鸟为孤飞之鸟，暗寓诗人孤舟之旅的寂寞之情。“云外”与“万点”都是夸张，前者极言鸟飞之高之远，后者极言萤火虫数量之多。

一声溪鸟暗云散，万片野花流水香。

【注释】出自唐·许浑《沧浪峡》。

【译文/点评】此写鸟鸣春涧，云浮空中，落英缤纷，花随流水的暮春景象。虽写暮春，却无感伤情调。溪鸟之鸣，浮云散去，流水带香，其意象给人的感受都是愉悦的。其中有声，有色，有味，让人有一种身临其境之感。

一条藤径绿，万点雪峰晴。

【注释】出自唐·李白《冬日归旧山》。藤径绿，指两旁爬满藤蔓的小径上的常绿灌木所现的绿色。

【译文/点评】此写雪后天晴的冬日景象：雪融灌木绿，远山万点白。“万点”，既写出了所见雪峰之多，也暗示了其距离之远。“一条”对“万点”、“藤径”对“雪峰”、“绿”对“晴”，对仗非常工整，形式上也优美而让人过目难忘。

一庭春色恼人来，满地落花红几片。

【注释】出自后蜀·魏承班《玉楼春》。

【译文/点评】此写暮春时节花儿落尽、徒剩绿枝的景象及词人惜春、伤春的惆怅之情。

一夜好风吹，新花一万枝。

【注释】出自唐·令狐楚《春游曲三首》。

【译文/点评】此写东风一夜吹、大地复苏万花开的春天物候特征。“一万枝”乃是夸张修辞法，强调的是极多，而非实写。

一夜绿荷霜剪破，赚他秋雨不成珠。

【注释】出自唐·来鹄《偶题二首》。

【译文/点评】此言一夜秋霜使绿荷之叶残破，秋雨打在荷叶之上不能留在叶上而成珠状。此乃通过写荷叶残枯而抒悲秋之情。

一夜西风急，千山黄叶深。

【注释】出自宋·罗与之《一夜》。西风，秋风。

【译文/点评】此写秋风起、树叶黄的节候特征。“千山”是夸张，极言叶黄范围之广。“一夜”与“千山”相对，既在形式上有整齐的视觉美感，同时也强调了秋风影响力之大。

疑是嫦娥弄春色，彩云移下一天星。

【注释】出自宋·黄通《元夕》。嫦娥，传说中的月中仙子。一天星，指花灯。

【译文/点评】遍地花灯，就像是彩云将满天的星星带移到人间，看了让人不禁怀疑是否嫦娥在捉弄春色。此写正月十五元宵夜到处挂满彩灯的繁华热闹景象。

以鸟鸣春，以雷鸣夏，以虫鸣秋，以风鸣冬。

【注释】出自唐·韩愈《送孟东野序》。以，用。

【译文/点评】春天有鸟鸣，夏天有雷鸣，秋天有虫鸣，冬天有风鸣。此言四季皆有其特定的声音表征。

莺啼燕语报新年。

【注释】出自唐·皇甫冉《春思》。

【译文/点评】此言莺歌燕舞是春天到来的物候特征。

游子春衫已试单，桃花飞尽野梅酸。怪来一夜蛙声歇，又作东风十日寒。

【注释】出自宋·吴涛《绝句》。试单，指改穿单衣。怪来，奇怪的是。

【译文/点评】此写初夏天气不稳定、忽暖忽寒的节候特点。

有时三点两点雨，到处十枝五枝花。

【注释】出自唐·李山甫《寒食二首》。

【译文/点评】此写三月初寒食节时的春光景象。“有时三点两雨”，写出了清明节前夕欲雨而未雨的节候特征；“到处十枝五枝花”，写出了暮春时节花事高潮已过的稀稀落落的情景。

渔舟逐水爱山春，两岸桃花夹古津。

【注释】出自唐·王维《桃源行》。逐，追逐。津，渡口。

【译文/点评】此写两岸青山，渔舟逐浪，花掩古渡的景象。山水、花木、古今、人事尽在其中，一幅意境广阔、内涵丰富的山水画卷跃然纸上。

雨过百泉出，秋声连众山。

【注释】出自宋·王安石《自白土村入白寺二首》（其一）。秋声，指秋天的风声、虫鸣声等。

【译文/点评】此写秋雨过后众泉涌出、众山尽是萧瑟秋声的景象。

雨径绿芜合，霜园红叶多。

【注释】出自唐·白居易《司马宅》。芜，丛生的草。合，满。

【译文/点评】雨后的庭中，小径上长满了丛集的绿草；霜后的园中，满地多是落下的红叶。此写秋日庭园杂草丛生、红叶满地的荒凉之景。

雨色秋来寒，风严清江爽。

【注释】出自唐·李白《酬裴侍御对雨感时见赠》。

【译文/点评】此写秋雨有寒意、风厉江水清的秋日景象。

雨中妆点望中黄，勾引蝉声送夕阳。

【注释】出自唐·翁承赞《题槐》。

【译文/点评】此写秋雨洗树，槐叶渐黄，夕阳在山，蝉声哀戚的景象。诗句以拟人修辞手法，将雨、槐叶、蝉人格化，使其带有人的生命情态（雨能妆点槐叶、槐叶能勾引蝉、蝉能送别夕阳），从而将平常的写景艺术化，给人以无限的联想与回味。

园翁莫把秋荷折，留与游鱼盖夕阳。

【注释】出自宋·周密《西塍废园》。园翁，看园管园的老人。

【译文/点评】此写劝说留枯荷给游鱼的细节，目的是要表达诗人对荷叶的留恋之情与悲秋之感。

远岸秋沙白，连山晚照红。

【注释】出自唐·杜甫《秋野五首》。

【译文/点评】此写秋水消退，远岸沙白，山峦连绵，残阳如血的秋日晚景。

云晴鸥更舞，风逆雁无行。

【注释】出自唐·杜甫《冬晚送长孙渐舍人归州》。行，行阵。

【译文/点评】此写云晴鸥飞舞、风逆雁阵乱的冬日晚景。

乍暖还寒时候，最难将息。

【注释】出自宋·李清照《声声慢》。乍，忽然。乍暖还寒，指初春忽冷忽热的天气。将息，调养。

【译文/点评】此言初春天气忽冷忽热，很难休养调理的气候特点。

战退玉龙三百万，败鳞残甲满天飞。

【注释】出自宋·胡仔《苕溪渔隐丛话》前集卷五十四引《西清诗话》所载张元《雪》诗。

【译文/点评】此写飞雪漫天舞的景象，但是诗人不直写，而是以拟人修辞手法，说飞雪漫天舞是天公战胜玉龙后，玉龙败鳞残甲满天飞的结果。想象奇特，联想丰富，形象极为生动，故在历代都被视为写飞雪的佳句，让许多文人为之掉头苦吟。

朝来新火起新烟，湖色春光净客船。

【注释】出自唐·杜甫《清明二首》。朝来，早上。新火起新烟，生火烧饭的炊烟。净，使明净。

【译文/点评】此写清明时节旅途中生火早炊时所见湖光春色及欣喜的心情。

只有一枝梧叶，不知多少秋声。

【注释】出自宋·张炎《清平乐》。

【译文/点评】此言只有一枝梧叶在树，更知秋意正浓。强调一枝在，意在说明其余皆不在，从而突显词人深深的悲秋之情。

仲夏苦夜短，开轩纳微凉。

【注释】出自唐·杜甫《夏夜叹》。苦，苦于。轩，此指窗户。

【译文/点评】此言仲夏之夜暑热难眠，开窗纳凉之情。

竹外桃花三两枝，春江水暖鸭先知。

【注释】出自宋·苏轼《惠崇春江晚景二首》。

【译文/点评】此言桃花是最早报春的使者，鸭子是洞悉春天即将到来的先知。后句引申运用，也可以用以表达通过对某些蛛丝马迹的分析而窥知即将发生的事情的意思。

最爱芦花经雨后，一蓬烟火饭渔船。

【注释】出自宋·林逋《秋江写望》。饭，此当动词用，意为烧饭。

【译文/点评】此写秋天雨后芦花更白，船家生火做饭炊烟袅袅的景象。

关塞城郭

白帝城中云出门，白帝城下雨翻盆。

【注释】出自唐·杜甫《白帝》。白帝城，旧址在今四川奉节县东白帝山上。

【译文/点评】此言白帝城城高且气候变化极快。“云出门”，言白帝城地势之高；“雨翻盆”，言白帝城下雨之大。“云出门”对“雨翻盆”，对仗之中说明了城中之“云”与城下之“雨”的因果关系：有云才有雨。

白帝高为三峡镇，瞿塘险过百牢关。

【注释】出自唐·杜甫《夔州歌十绝句》（其一）。白帝，即白帝城。三峡镇，指镇守三峡的要冲。瞿塘，指三峡中的瞿塘峡。百牢关，在汉中，雄险如瞿塘峡。

【译文/点评】此言白帝城扼守长江三峡第一峡瞿塘峡之口，有着极其重要的战略地位。而瞿塘峡的雄险程度，又在汉中的百牢关之上。

北上太行山，艰哉何巍巍。羊肠坂诘屈，车轮为之摧。

【注释】出自汉·曹操《苦寒行》。太行山，此指河内的太行山，在今河南省沁阳县北。巍巍，山高貌。羊肠坂，指从沁阳经天井关到晋城的道路。诘屈，曲折。摧，折断。

【译文/点评】此乃写太行山的险峻与羊肠坂道路之难行。

长城地势险，万里与云平。

【注释】出自南朝梁·虞羲《咏霍将军北伐》。

【译文/点评】此写长城地势之险及其视野之广阔。

长城何连连，连连三千里。

【注释】出自汉·陈琳《饮马长城窟行》。连连，指长城连绵不断之貌。

【译文/点评】此写长城连绵不绝、望之不尽的情状。“三千里”乃是夸张，非实指，泛指长城里程之长。

城分苍野外，树断白云隈。

【注释】出自唐·陈子昂《度荆门望楚》。隈（wēi），山水等弯曲的地方。

【译文/点评】此言荆门城墙将城内与城外的苍茫之野一隔为二，站在城墙之上极目远望，唯见无边的树木一直延伸到白云的尽头。所写之景，视野极为宏阔，给人留下的想象空间也很大。

城中未省有春光，城外榆树已半黄。

【注释】出自宋·唐庚《春日郊外》。未省，没发觉。

【译文/点评】此写城里与城外春天的脚步不一致的景象。在写实的同时，也巧妙地交代了诗人要到郊外踏青的原因。

楚塞三湘接，荆门九派通。

【注释】出自唐·王维《汉江临泛》。楚塞，指古代楚国关塞。三湘，有三种说法。一说湘水发源与漓水合流后称漓湘，中游与潇水合流后称潇湘，下游与蒸水合流后称蒸湘，总名三湘。二说湘乡为下湘，湘潭为中湘，湘阴为上湘，合称三湘。三说（近代说法）是湘东、湘西、湘南，合称三湘，即今日之湖南全省。荆门，山名，在今湖北宜都县西北长江南岸，与北岸虎牙山相对峙。九派，九条支流。

【译文/点评】此写汉江控引楚地要塞，南连三湘、西至荆门、东达九江的壮观景象。“楚塞”对“荆门”，是关塞类相对；“三湘”对“九派”，是河流类相对，对仗非常工整，给人以强烈的视觉冲击。同时“三”与“九”在古代都有表示“多”的意义，如此便使“三湘接”与“九派通”所呈现的意境、气象更为阔大。

灯火万家城四畔，星河一道水中央。

【注释】出自唐·白居易《江楼夕望招客》。畔，指西湖之畔。星河，指夜晚西湖上的游船灯火如同银河。

【译文/点评】此写杭州城绕西湖而建，夜晚湖上游船如织、灯火似星河的景象。“灯火万家”是夸张，极言杭州城人口之众。“星河一道”是比喻，形容西湖上游船之多、灯火之盛。

地闲春草绿，城静夜乌啼。

【注释】出自唐·李嘉祐《和袁郎中破贼后经剡县山水上太尉》。

【译文/点评】此写荒凉小城人少城静的情景。“地闲”，言人少；“乌啼”，言人静。“春草绿”对“夜乌啼”，意在通过草自绿、乌自鸣的情景反衬出人少城静的情境。

地拥山河壮，营关剑甲重。

【注释】出自金·周昂《翠屏口七道》（其二）。

【译文/点评】此写翠屏口关塞的险要及其武备森严之情状。前句泛写，直言翠屏口（在今河北万全县西翠屏山）关塞在军事上的险要地位。后句是特写，运用借代修辞手法，以“剑甲”代士兵，强调突出刀剑林立、甲胄重重的武备情况。

断崖万仞如削铁，鸟飞不渡苔石裂。

【注释】出自元·陈孚《居庸叠翠》。仞，古代长度单位，八尺为一仞。度，过。

【译文/点评】此写居庸关险要的地势。前句“断崖万仞”与后句“鸟飞不渡”，都是运用夸张修辞手法，意在强调居庸关高峻的地势。前句“如削铁”，是个比喻，是形容居庸关的陡峭之状。后句“苔石裂”，通过长满青苔与石裂的形象，暗示出从来无人上去过，意在说明其难以逾越，正好与前半句“鸟不渡”照应。

孤城上与白云齐，万古荒凉楚水西。

【注释】出自唐·刘长卿《登余干古县城》。

【译文/点评】上句写眼前之景，突出余干古城之高峻；下句以“万古”、“楚水”字眼回顾历史，寄托对景感伤、怀古感慨之意。

孤城突兀连沧海，三岛参差耸暮秋。

【注释】出自宋·韦骧《登蓬莱阁》。突兀，高耸突出之貌。三岛，指传说中的蓬莱、方丈、瀛洲等三座海上神山。暮秋，晚秋。

【译文/点评】此写晚秋中的蓬莱城为三岛环列、耸立于沧海之中的景色。

古塞草青宜牧马，春城月暗好啼乌。

【注释】出自唐·耿湋《送大谷高少府》。

【译文/点评】此写边塞之城草色青青、月暗乌啼的夜景。

关塞极天惟鸟道，江湖满地一渔翁。

【注释】出自唐·杜甫《秋兴八首》（其七）。极天，高极于天。惟，只有。鸟道，鸟飞之道。

【译文/点评】前句以夸张修辞手法写关塞高峻不可越的雄姿，后句写江湖之大只有一渔翁的孤寂之景，表面是写景，实是借景抒情，表达的是诗人在安史之乱后仕途不通、大志难伸、飘零异乡、寂寞无助的苦痛之情。

杭州之有西湖，如人之有眉目。

【注释】出自宋·苏轼《乞开西湖状》。

【译文/点评】此以人的眉目比杭州之西湖，意在生动形象地说明西湖对于杭州的重要性。杭州虽自古便是形胜之地，但若没有西湖，肯定逊色不少。正因如此，苏轼上疏请求疏浚西湖，并亲力督成之，此于杭州可谓功不可没。苏轼有此语，可谓慧眼独具。

何似东都正二月，黄金枝映洛阳桥。

【注释】出自唐·白居易《杨柳枝词八首》（其二）。东都，指洛阳，唐代以洛阳为东都。黄金枝，指柳枝，因柳枝吐芽时为嫩黄色。

【译文/点评】此乃诗人深情追忆洛阳二月“春风杨柳洛阳桥”的景象。以“黄金”比喻柳枝初发的颜色，既富形象感，又暗点出时在“早春”的时间。

河山北枕秦关险，驿树西连汉畤平。

【注释】出自唐·崔颢《行经华阴》。河山，指黄河、华山。秦关，指函谷关，战国时代秦国的雄关。驿树，驿路旁的树。畤（zhì），祭天地及古代帝王的处所。

【译文/点评】此写行经华阴所见之景：黄河滔滔，华山巍巍，北依函谷之雄关；树夹驿路，无边无际，一直延伸到汉代帝王祭天地之所。上句不用“函关”而用“秦关”，下句对应而用一“汉”字，意在“秦”“汉”并提，感叹历史。由此，将眼前之景与心中之慨自然结合起来，给人以无限的回味空间，大大扩张了诗的内涵意蕴。

荒城背流水，远雁入寒云。

【注释】出自唐·郎士元《盩厔县郑礒宅送钱大》。

【译文/点评】此写秋天荒城冷寂的景象。前句以“背流水”与“荒”呼应，写城之荒凉景象。因为在干旱的北方，有水城便活，无水城便荒。而今连水都背城而流去，这城岂能不荒？后句以“雁入寒云”与“远”配合，写雁之所以远飞的原因，因为天已秋凉，北雁要避寒。连雁都要避去，这城岂能不荒？这又回过头来呼应了前句，强调突出了“荒城”之“荒”。

荒城临古渡，落日满秋山。

【注释】出自唐·王维《归嵩山作》。

【译文/点评】此写秋日黄昏之时的景象：层林尽染，秋意渐浓；夕阳西下，城池荒凉，古渡无人。写的虽是哀景，却如一幅苍凉而凄美的图画，让人回味无穷。

几处楼台皆枕水，四周城郭半围山。

【注释】出自宋·王济《赠五羊太守》。枕水，临水。

【译文/点评】此写楼台临水、城郭环山之景。山与水呼应，楼台与城郭并举，一幅生动的山水城郭图便跃然纸上矣。

艰难奋长戟，万古用一夫。

【注释】出自唐·杜甫《潼关吏》。万古，自古以来。

【译文/点评】此二句是说，潼关天险即使在最艰难的时候，只要有一个守关战士奋戟而战，也是千军万马难以逾越的。“万古”对“一夫”，是以夸张修辞手法极写潼关地势之险与易守难攻。

剑阁峥嵘而崔嵬，一夫当关，万夫莫开。

【注释】出自唐·李白《蜀道难》。剑阁，即剑门，在今四川省剑阁县北，即大剑山与小剑山之间的一条栈道，又名剑门关，极险固。峥嵘，山势高峻、突出之貌。崔嵬，山高大不平之貌。“一夫当关，万夫莫开”，其语化出于西晋张载《剑阁铭》：“一夫荷戟，万夫趑趄。”当关，把住关口；莫开，无人能打开。

【译文/点评】此写剑阁栈道之险，以“一夫当关，万夫莫开”八字概而括之，简洁有力，对仗工整。“一夫”对“万夫”，既对得好，又都是夸张，前者是缩小夸张，后者是扩大夸张；“关”与“开”都是动词，语义相对，构成对仗中的“反对”。两组词的对仗，突出了剑门栈道之险与易守难攻。后世凡写关口之险固，常用这八字。

京口瓜洲一水间，钟山只隔数重山。

【注释】出自宋·王安石《泊船瓜洲》。京口，在今江苏镇江，处长江南岸。瓜洲，在今江苏扬州，处长江北岸。钟山，即今天南京紫金山。

【译文/点评】此以写景叙事表达北渡瓜洲的轻松愉悦之情。“一水间”，言舟行迅速，写出了诗人急切北去的心情；“数重山”，言距离之近，是写现实的距离，更是写心理的距离，表达了诗人对金陵山水的亲切与依恋之情。因此，此二句看似平淡，实则于寻常叙事中包含了丰富的内涵，让人味之不尽。

九天开出一成都，万户千门入画图。

【注释】出自唐·李白《上皇西巡南京歌十首》（其二）。

【译文/点评】此写唐代成都重要的战略地位与繁华的都市风光。“九天开出”，言成都成为唐明皇安史之乱中避难的“南京”乃是天意；“万户千门”，乃是以夸张修辞手法极言成都的繁华。

两京锁钥无双地，万里长城第一关。

【注释】出自秦皇岛山海关联语。两京，指北京、盛京（即沈阳，清朝留都）。锁钥，比喻军事地位重要如同锁与钥匙一般。第一关，即山海关。

【译文/点评】此写山海关在军事地位上的重要性与雄伟气势。

楼阁九衢春，车马千门旦。

【注释】出自唐·宋之问《长安路》。衢（qú），四通八达的大道。

【译文/点评】此写唐代都城长安的壮观气势与繁华景象：和煦的春风吹过纵横交错的通衢大道和鳞次栉比的楼阁亭台，初升的旭日冲破黎明前的黑暗，将一缕缕金色的阳光洒向千门万户，长安城里顿然车马喧嚣，热闹非凡。

洛阳城里花如雪。

【注释】出自唐·宋之问《寒食还陆浑别业》。

【译文/点评】此写寒食时节洛阳花事之盛的情况。以比喻修辞手法将“雪”与“花”联系搭挂起来，给人以丰富的联想，色彩感非常鲜明。

洛阳三月花如锦，多少功夫织得成。

【注释】出自宋·刘克庄《莺梭》。

【译文/点评】此以织锦为喻，写洛阳三月繁花盛开的景象。让花开与织锦两个完全不同的境界联系到一起，不仅使表达显得形象生动，也由此扩张了诗句所写的意境，让人有更多的回味空间。

满城明月梨花。

【注释】出自宋·沈括《开元乐词》。

【译文/点评】以“明月”与“梨花”联系在一起，于反衬中益显明月之皎洁和梨花之洁白，在亮丽的色调中突显了诗人的欣悦之情，更让读诗人于图画般的景物中享受到读诗的审美快感。

莽莽万重山，孤城山谷间。

【注释】出自唐·杜甫《秦州杂诗二十首》（其七）。莽莽，指原野辽阔、无边无际的样子，此指群山连绵不断的样子。

【译文/点评】此写秦州城所处万山丛中、山谷之间的地理位置。“莽莽”乃以叠字修辞手法写群山连绵不断之貌，“万重山”乃是以夸张之笔极言秦州城周围山峰之众。

渺渺孤城白水环，舳舻人语夕霏间。

【注释】出自宋·秦观《泗州东城晚望》。渺渺，遥远迷茫的样子。舳舻（zhú lú），指首尾衔接的船只。夕霏，傍晚的云气。

【译文/点评】此写登临泗州东城所见白水环城、旷远迷茫，船队行于水上、人语于夕霏之间的景象。

千古风流歌舞地，六朝兴废帝王州。

【注释】出自宋·赵希淦《半山寺有感》。六朝，指三国时代的吴、东晋和南朝的宋、齐、梁、陈共六个朝代。

【译文/点评】此言建康（今南京）历来是帝王建都之所，也是风流歌舞、醉生梦死的繁华之都。“千古”对“六朝”，一永恒一短暂，寄寓了深重的历史沧桑感；“风流歌舞”对“兴废帝王”，形式对仗中寄寓了因果关系的探究之意。可谓是叙事之中有寄慨，平淡之中见非凡。

千家帘幕春空在，几处楼台月自明。

【注释】出自唐·孟宾于《落花》。

【译文/点评】此写暮春时节的感慨之情。“春空在”，言人无情致；“月自明”，言无人观赏。

青海长云暗雪山，孤城遥望玉门关。

【注释】出自唐·王昌龄《从军行七首》（其四）。青海，指青海湖，在今青海省西宁市。雪山，指祁连山。玉门关，在今甘肃省敦煌西。

【译文/点评】此写孤城与玉门关在西北地区的战略地位。

这两句所写的是这样一幅画面：青海湖上雾霭蒸腾，使绵延横亘于河西走廊南面终年积雪的祁连山也为之暗淡无光；越过雪山，雾霭不见了，雪山也不见了，唯余河西走廊广阔沙漠中的一座孤城（唐将哥舒翰所筑之城，置神威军戍守）。站在孤城之上，极目远眺，西边便是遥对孤城的唐朝军事要塞玉门关。诗句之所以要以两句十四字描写如此阔大的画面，并非要表现西北地域的广袤，而是要突显这一城一关在如此广袤的西北地区所承担的异常艰巨的战略任务：南拒吐蕃，西镇突厥。

秋风吹渭水，落叶满长安。

【注释】出自唐·贾岛《忆江上吴处士》。

【译文/点评】此写秋日长安的景象。从逻辑上看，“秋风”与“落叶”关系最近，有因果联系。但是，诗人却不说“秋风吹落叶”，而是说“秋水吹渭水”。这是故意拉远秋风与落叶的关系，含有不忍见秋天之意。然而，毕竟渭水离长安太近，渭水被秋风吹，长安离秋天还能远吗？因此“落叶满长安”也有极大的合理性。由此，自然而巧妙地表达了其悲秋的情怀。

日月光天德，山河壮帝居。

【注释】出自南朝陈·陈叔宝《入隋侍宴应诏诗》。光，光大。帝居，指京都。

【译文/点评】此言日月的光辉使上天之德得以光大，险要的山河使京都愈显壮丽。此乃被隋文帝灭国的陈后主吹拍隋文帝的话，但写景叙事不落俗套，不失为好诗句。“日月”对“山河”，“天德”对“帝居”，对仗极为工整，不仅意境阔大、气象雄浑，而且表意恰切，符合“应诏”诗的主旨要求。

三条九陌丽城隈，万户千门平旦开。

【注释】出自唐·骆宾王《帝京篇》。丽，使壮丽。隈（wēi），山水等弯曲的地方，此指角落。平旦，天刚亮。

【译文/点评】此写唐朝京都长安大街小巷纵横，黎明之时万户千门齐开的壮观气势。

沙场烽火连胡月，海畔云山拥蓟城。

【注释】出自唐·祖咏《望蓟门》。胡月，代指唐代契丹所据的东北地区。海，指蓟门关南侧的渤海。山，指蓟门关北翼的燕山山脉。

【译文/点评】此二句乃是写蓟门关的险要。前句写进可攻，“连胡月”便是突出一个“攻”字，描绘的是唐军势如破竹的凌厉攻势与深入胡地的战争场面。后句写退可守，以“海”、“山”、“拥”三字体现。“海畔”写蓟门关凭海的优势地位。“云山”写燕山之高，强调其作为蓟门关战略屏障的不可逾越性。“拥”字更具形象性，将海、山人格化，形象地写出了蓟门关带山襟海的地形特点。

山河千里国，城阙九重门。

【注释】出自唐·骆宾王《帝京篇》。城阙，指京都。九重门，指帝王居住的宫殿。

【译文/点评】此言大唐国土山河千里，大唐都城门有九重。“千里”、“九重”皆非实写，乃是夸张修辞法，意在夸耀大唐国势之强盛。

上有天堂，下有苏杭。

【注释】出自元·奥敦周卿《双调蟾宫曲二首》（其二）。苏杭，指苏州、杭州。

【译文/点评】此以天上之“天堂”与地下之“苏杭”对举，其意是在对仗中强调苏杭风光的优美与生活的富庶，意谓苏杭即是人间之“天堂”。

石壁千寻险，江流一矢争。

【注释】出自清·吴伟业《采石矶》。寻，古代长度单位，八尺为一寻。一矢争，快得可以与箭争高低。

【译文/点评】此写长江采石矶（在今安徽马鞍山市长江东岸）江防地理位置的险要情形。前句以“千寻”极言其石壁之高，是夸张修辞手法的运用，意在突出强调其不可逾越性。后句以“一矢争”形容江流的湍急，是比喻修辞手法的运用，形象地表现了其水流奔涌的情形。

势扼长川万古雄。

【注释】出自宋·郭瑄《泾州怀古》。扼，扼守、踞守。长川，大江。

【译文/点评】此写泾州城临江凭险、坚如磐石的气势。“万古雄”乃是夸张，言此城池险要自古皆然。

四望无烟火，但见林与丘。城郭生榛棘，蹊径无所由。

【注释】出自汉·王粲《从军行五首》（其五）。四望，四面、眼光所及之处。烟火，炊烟、灯火，代指人烟。但，只。榛（zhēn），落叶灌木或小乔木，也泛指丛生的荆棘。棘，荆棘。由，经由。无所由，没有可走的地方。

【译文/点评】此写战争后城郭的荒凉情状：四望只见林丘，不见人烟，城郭皆生荆棘，道路也辨别不出，一片残败的战乱情景如在目前。

万家流水一城花。

【注释】出自宋·宗泽《至洛》。一城，满城。

【译文/点评】此写洛阳城家家流水、满城花发的春日景象。

万株松树青山上，十里沙堤明月中。

【注释】出自唐·白居易《夜归》。

【译文/点评】此写杭州松树满青山、明月照长堤的美丽夜色。“万株”、“十里”都是夸张修辞手法，意在强调突出杭州周边山上松树之多、西湖沙堤之长。

惟天有设险，剑门天下壮。

【注释】出自唐·杜甫《剑门》。惟，只。剑门，在今四川省剑阁县北，即大剑山与小剑山之间的一条栈道，又名剑门关，极险固。

【译文/点评】此言剑门关的险要乃是上天所设，意谓其险要不是一般关隘所可比拟的。

小市花间合，孤城柳外圆。

【注释】出自宋·唐庚《春归》。小市，指小的集市。

【译文/点评】此二句乃是运用互文修辞手法，言孤城小市掩于花柳之间。并非“花间”的只是“小市”，“柳外”的只是“孤城”，而是“花间”、“柳外”与“小市”、“孤城”共处一个时空之中。之所以要分开表述，乃是诗歌对仗的需要。

晓看红湿处，花重锦官城。

【注释】出自唐·杜甫《春夜喜雨》。红湿，指花被雨淋湿。花重，指花因吸水而下垂。锦官城，指成都。

【译文/点评】此写成都春夜雨过之后到处都见花湿低垂之景。

夜市千灯照碧云，高楼红袖客纷纷。

【注释】出自唐·王建《夜看扬州市》。红袖，代指女子。

【译文/点评】此写扬州夜市繁华的景象。“千灯”运用的是修辞上的夸张手法，意在夸言扬州夜市灯光之多；“红袖”是用借代修辞手法代指女子，于表意中突出了女子的服饰特征，富有形象感；“纷纷”是以叠字手法形容进出高楼（指娱乐的青楼酒馆）的客人之众。由此，一幅繁华的扬州夜市图画便跃然纸上了。

一夫怒临关，百万未可傍。

【注释】出自唐·杜甫《剑门》。一夫，一人。百万，指百万人。傍，靠近。

【译文/点评】此以“一夫”对“百万”突显剑门关的险要与易守难攻的战略地位。

一人守险，千人不得上。

【注释】出自汉·班固《汉书·朱买臣传》。险，指险要的关隘。

【译文/点评】此言险要关隘的易守难攻，与李白所说的“一夫当关，万夫莫开”同义。

遗墟旧壤，数万里之皇城；虎踞龙盘，三百年之帝国。

【注释】出自唐·王勃《江宁吴少府宅饯宴序》。

【译文/点评】此写江宁城规模之宏大与地理位置之险要。“数万里”、“三百年”，皆非实指，是夸张修辞手法，意在夸说江宁城的气势与历史地位。

远水兼天净，孤城隐雾深。

【注释】出自唐·杜甫《野望》。兼天，连天。

【译文/点评】此写碧水连天远、孤城隐雾中的景象。前句写站在孤城之上极目远望之所见，表现的是一种广阔无边的明朗感；后句写站在孤城之外回望孤城所见，表现的是一种雾失城池的朦胧感。两种截然相反的视觉形象统一于同一幅画面之中，对比色差极大，不禁让人思之味之而作无尽的联想。

岳阳城上闻吹笛，能使春心满洞庭。

【注释】出自唐·贾至《西亭春望》。

【译文/点评】此写岳阳城之高与城上观景的喜悦之情。

张袂成帷，挥汗成雨。

【注释】出自汉·刘向《说苑·奉使》。张，展开。袂（mèi），衣袖。帷，幕布。

【译文/点评】此言齐都临淄的繁华景象：众人展开袖子，就能成为幕布；众人甩甩汗，就能像下雨。此言是夸说人烟稠密、市井繁华的，也可以形容人多力量大。

朝登剑阁云随马，夜渡巴江雨洗兵。

【注释】出自唐·岑参《奉和相公发益昌》。剑阁，即剑门，在今四川省剑阁县北，即大剑山与小剑山之间的一条栈道，又名剑门关，极险固。巴江，指嘉陵江。

【译文/点评】前句写剑门关之高峻，后句写蜀中雨水之丰沛。“云随马”、“雨洗兵”，皆是夸张修辞手法，诗人的目的是要读者对其笔下的巴山蜀水留下深刻的印象。

朝光欲动千门曙，丽日初照百花明。

【注释】出自唐·杨师道《阙题》。

【译文/点评】此写唐代京师长安旭日初升，光耀千门，丽日初照，百花明艳的景象。

竹树夹流水，孤城对远山。

【注释】出自唐·高适《自淇涉黄河途中作十三首》（其四）。

【译文/点评】竹树夹流水，给人的感觉是静谧温馨；孤城对远山，给人的感觉是苍凉孤独。两种不同的景色有机地结合在一起，不仅于对比中给读者以无限的想象空间，体味到两种不同的美感，同时也生动地写出了诗人行旅之途心情的变化。

烛天灯火三更市，摇月旌旗万里舟。

【注释】出自宋·范成大《鄂州南楼》。烛天，照耀天空。

【译文/点评】此写中秋之夜鄂州城的夜景盛况：城里灯火耀天空、夜市至三更，江上旌旗蔽明月、船队万里长。“烛天灯火”、“摇月旌旗”、“万里舟”，皆是夸张之辞，意在使人对其所写景象留下深刻印象。

亭台寺阁

白日丽飞甍，参差皆可见。

【注释】出自南朝齐·谢朓《晚登三山还望京邑》。丽，使明丽。甍（méng），屋脊。

【译文/点评】此写想象中的京邑艳阳朗照、楼阁飞檐明丽、亭台高低参差之状。

百尺楼高万里风。

【注释】出自宋·赵士掞《登天清阁》。

【译文/点评】此写天清阁楼高风大之状。“百尺楼”、“万里风”，皆是夸张修辞手法，意在强调楼高、风大，以给人留下深刻的印象。

残雪楼台山向背，夕阳城郭水西东。

【注释】出自金·高士谈《晚登辽海亭》。

【译文/点评】此写关外暮春夕阳映城郭、残雪衬楼台的奇异景象。前句写静景，描写的是远近山峦尽残雪、山阳山阴是楼台的景象。后句写动景，描写的是夕阳冉冉依城下、郭外河水各西东的景象。前句以“残雪”领起，后句以“夕阳”冒头，看似为了对仗，实是为了色彩的映照对衬。由此，动静结合，红白相间，便勾画出了一幅城郭与楼台呼应、残雪与夕阳相衬的关外暮春图，不禁让人触“景”生情，浮想联翩，思绪随着诗人的文字而飞向了关外的白山黑水之间。

苍苍竹林寺，杳杳钟声晚。

【注释】出自唐·刘长卿《送灵澈上人》。

【译文/点评】此写竹林寺的竹林与钟声。“苍苍”写竹林深绿欲滴之色，“杳杳”写钟声悠扬深远之貌。皆是运用叠字修辞手法，读之令人有身临其境之感，如见如闻竹林寺的竹林与钟声。

参差远岫，断云将野鹤俱飞；滴沥空庭，竹响共雨声相乱。

【注释】出自唐·骆宾王《冒雨寻菊序》。岫（xiù），山洞、山。将，与。俱，一起。滴沥，象声词，水下滴的声音。

【译文/点评】远山参差交错，空中残云野鹤齐飞；空庭水滴有声，风吹竹响与雨声相乱难分。前句写远景，后句写近景；前句写视觉形象，后句写听觉形象。如此远景与近景结合，视觉与听觉相对，便生动形象地勾勒出一幅有声有色的山水图轴。

层台耸翠，上出重霄；飞阁翔丹，下临无地。

【注释】出自唐·王勃《滕王阁序》。层台，言滕王阁是多层建筑。耸翠，指绿色的瓦檐高高突起。重霄，极高的天空。飞阁，指滕王阁凌空欲飞的形状。翔丹，指彤彩飞流。无地，指深渊，指滕王阁很高。

【译文/点评】前两句采用由下往上看的视角，写滕王阁高耸入云、飞檐突起的样子；后两句采用由上往下看的视角，写滕王阁彤彩飞动、凌空欲飞的情态。由此，便将滕王阁高大雄伟的气势突显了出来。

蝉声集古寺，鸟影度寒塘。

【注释】出自唐·杜甫《和裴迪登新津寺寄王侍郎》。

【译文/点评】此写秋日古寺的凄切景象。蝉声本就有凄切悲凉之感，况又是来自于古寺；鸟飞秋风中本就有萧瑟之意象，况又是影映于寒塘之中。所写古寺景象虽给人以悲凉之感，但其意象从审美的角度来看却不失苍凉雄浑之美。

长桥卧波，未云何龙；复道行空，不霁何虹。

【注释】出自唐·杜牧《阿房宫赋》。未云何龙，没有云怎么有龙，意谓桥高至天。古人有“云从龙，虎从风”的说法。复道，架于楼阁之间的空中连接通道。霁（jì），雨后或雪后转晴。

【译文/点评】长桥横卧于水波之上，就像是伴云而飞的巨龙；复道高悬于空中，就像是雨雪后天空中的彩虹。此乃结合比喻与折绕、夸张等修辞手法极言阿房宫建筑的宏伟非凡之状。

车如流水马如龙，仙史高台十二重。

【注释】出自唐·苏颋《夜宴安乐公主新宅》。仙史，此指安乐公主。

【译文/点评】前句以比喻修辞手法写安乐公主新宅夜宴宾客之众，后句以夸张修辞手法写公主新宅之高峻雄伟之势。前句写与会之人，后句写开宴之所，由此，夜宴的规模与气氛便皆在其中矣。

出山四望云木合，但见野鹘盘浮图。

【注释】出自宋·苏轼《腊日游孤山访惠勤惠思二僧》。四望，向周围看。云木合，指云树远望连成一片的样子。野鹘（hú），一种鹰。盘，盘旋。浮图，寺塔。

【译文/点评】此写孤山寺高耸入云、云树一体、野鹰盘旋的景象。远望中，视野里有山有树；仰视中，眼中有云有鹰有塔。前者是静景，后者是动景。景中见高低，景中有远近，景中有动静，仿佛一幅生动的山水画。

窗含西岭千秋雪，门泊东吴万里船。

【注释】出自唐·杜甫《绝句四首》（其三）。

【译文/点评】此二句之妙，一在形式上的对仗工整，二在写景上的气象阔大。“窗”对“门”，皆是宫室类相对；“西岭”对“东吴”，都是地名，且“西”与“东”又是方位词相对；“千秋”对“万里”，皆是数量词组相对；“雪”对“船”，是名词相对；“含”对“泊”，是动词相对。形式上的工整，可谓无懈可击。至于写景上，咫尺之窗却能“含”下西岭千秋之色，寻常之门却能“泊”下东吴万里之船，这是何等阔大的气象！读之不禁让人“遥襟甫畅，逸兴遄飞”。

殿前无灯凭月照，山门不锁待云封。

【注释】出自河北井陉福庆寺联语。

【译文/点评】此写山寺明月为灯、浮云封门的自然清幽之境。

帆远浮天阔，江空得月多。

【注释】出自江苏镇江金山楼联语。

【译文/点评】此写金山楼上所见的景象。上句以“帆远”、“天阔”写白天之景，下句以“江空”、“月多”写夜晚所见，突出的皆是金山楼之高、视野之开阔。

芳春山影花连寺，独夜潮声月满船。

【注释】出自唐·姚合《送无可上人游越》。

【译文/点评】此写明月朗照，山影迷离，寺花怒放，夜深人静，潮声满船的春夜之景。山影寺花，是写视觉形象；独夜潮声，是写听觉形象。前后呼应，形声兼备，一幅春夜山寺看花、独夜听潮的画面跃然纸上，令人回味无穷。

飞楼涌殿参差见，古木修篁咫尺迷。此景此时君信否？绿杨荫里啭黄鹂。

【注释】出自宋·王之道《绣溪》。飞、涌，皆指高。修，长。篁，竹子。咫尺，指距离极短。啭，鸟婉转地叫。

【译文/点评】高楼大殿参差散落，古树翠竹放眼皆是，绿杨成荫，黄莺鸣于枝上。此乃写绣溪（在今安徽庐江县城西）两岸美丽的风光。

风篁类长笛，流水当鸣琴。

【注释】出自清·何绍基题苏州沧浪亭联语。篁，竹林，泛指竹子。类，类似、像。

【译文/点评】此写沧浪亭风吹竹林瑟瑟有声、清泉流水叮咚作响的古朴幽雅的环境，让人顿有一种返璞归真、回归自然的感觉。

高殿郁崇崇，广厦凄泠泠。微风起闺闼，落日照阶庭。

【注释】出自汉·徐幹《情诗》。郁崇崇，形容高峻之貌。凄泠泠，形容清凉的样子。闺，上圆下方的小门。闼（tà），小门。阶庭，台阶与庭院。

【译文/点评】高殿广厦，环境清幽，微风穿户，夕阳斜照，这便是诗人所思情人的居所环境。这种环境的描写，其目的乃在突显女主人公万种情思却欲说无人的郁闷之情。

高山在前，流水在下，可以俯仰，可以宴乐。

【注释】出自唐·柳宗元《盩厔县新食堂记》。

【译文/点评】此写盩厔（zhōu zhì，在今陕西省，现改写作“周至”）县新食堂所处的独到地位及风光：前有满目高山，下有流水潺潺。远眺青山可以养目，近闻流水可以怡情，春暖花开之时，正是宴客游乐的最佳之地。

孤亭一目尽天涯，俯瞰烟村八九家。

【注释】出自宋·朱熹《再用韵题翠壁》。俯瞰（kàn），俯视、往下看。

【译文/点评】此写孤亭高耸，极目远望，视野极其开阔，炊烟人家尽收眼底之景。“尽天涯”，言望得远。“俯瞰”，意谓亭高。

姑苏城外寒山寺，夜半钟声到客船。

【注释】出自唐·张继《枫桥夜泊》。姑苏城，即今之苏州。寒山寺，在苏州城西，建于南朝梁，相传唐初诗僧寒山曾住此，故名。

【译文/点评】此句表面是叙事，实则是写旅人孤寂难眠之情。既是“夜半”，当是酣眠不觉之时，何以寒山寺的钟声还听得那么真切呢?“到”字之用，好像是说钟声主动送入旅人之耳，实则是反衬听者主动，是听者有心去听。

古木无人径，深山何处钟。

【注释】出自唐·王维《过香积寺》。

【译文/点评】前句言小径只有古树而无人，意谓香积寺清幽安静；后句言钟声不知传于深山何处，意谓香积寺藏得深。前者着重于形，后句着笔于声，形声结合，从而有力地突显出香积寺的僻远幽静。

古寺倚修竹，飞槛绝纤尘。

【注释】出自宋·韩元吉《水调歌头》。倚，靠。修，长。飞槛，指高楼上的栏杆。纤尘，细小的尘土。

【译文/点评】此写古寺为修竹环绕、飞阁栏杆一尘不染的景象，所突出的是古寺清幽、不俗的格调。因为竹是高洁的象征，“飞槛绝纤尘”表面说的是高阁栏杆的明净，实则寓意不染凡俗之气。

桂子月中落，天香云外飘。

【注释】出自唐·宋之问《灵隐寺》。天香，即异香。

【译文/点评】前句是用典，说的是一个神话故事。传说在杭州灵隐寺和天竺寺，每到天高气爽之时，便会有像“桂子”一样的颗粒从月宫中洒落而下，这是暗写灵隐寺的神秘。后句是实写，但运用了夸张修辞手法，说礼佛的香客所上的香之香气异常，直飘云霄，这是暗写灵隐寺香火之盛。两句配合，一个神话，一个现实，即将灵隐寺作为佛教圣地的地位突出强调出来了。同时，形式上的对仗工整，也为这两句增色不少。成为名句，良有以矣。

湖边钟磬含清籁，树杪楼台霭翠微。

【注释】出自宋·四锡《题天竺寺》。磬（qìng），古代一种石制的敲击乐器，后来指寺庙中僧人敲击的铜铁铸的鸣器。清籁，此指清越悠扬的声音。杪，树梢。霭（ǎi），云雾。

【译文/点评】清越悦耳的钟磬之声萦绕于湖边，楼台树木掩映于青色的云雾之中。此写天竺寺的景象。前句写钟磬之声，让人有一种余音萦耳之感；后句写远望寺院建筑掩于青霭之中的景象，令人对天竺寺顿生一种神秘神圣之感。

户外一峰秀，阶前群壑深。

【注释】出自唐·孟浩然《题大禹寺义公禅房》。

【译文/点评】此写大禹寺幽雅的环境：门对秀峰，阶临深壑。前者幽远，后者幽深，意象极其丰富，能给人以无限的回味与联想。

画栋朝飞南浦云，珠帘暮卷西山雨。

【注释】出自唐·王勃《滕王阁诗》。画栋，彩绘的梁栋。南浦，在今南昌市西南。珠帘，珠饰之帘。西山，即南昌山，在今南昌市西北。

【译文/点评】此写滕王阁居高临远的气势。前句写南浦朝云飞上画栋，是说滕王阁之居高；后句写西山暮雨卷进珠帘，乃言滕王阁之临远。“画栋”与“珠帘”，则暗示出滕王阁建筑之美。前后二句，大处见云见雨，小处写栋写帘，对仗工整，语意连贯，可谓形式与内容俱佳。

佳山佳水佳风佳月千秋佳地，痴声痴色痴梦痴情几辈痴人。

【注释】出自江苏南京秦淮河风月亭联语。

【译文/点评】此以反复修辞手法，上联用五个“佳”字，强调了秦淮河环境的优美；下联用五个“痴”字，于突出秦淮河美景令人流连忘返的同时也揭示了六朝之所以短命、相继覆灭的原因，令人深思。

槛外低秦岭，窗中小渭川。

【注释】出自唐·岑参《登总持阁》。槛，栏杆。渭川，即渭水，在今陕西省中部，黄河的支流。

【译文/点评】此言登上总持阁看栏杆外的秦岭显得很低，看窗外的渭水显得很小。这是以反衬之法夸说总持阁的高峻。

江村片雨外，野寺夕阳边。

【注释】出自唐·岑参《晚发五渡》。

【译文/点评】此写阵雨过后见江村、夕阳之下有野寺的情景。

江声犹带蜀，山色欲吞吴。

【注释】出自江苏镇江焦山关庙联语。犹，好像。

【译文/点评】三国时吴、蜀二国一处长江上游，一处长江下游，故下游的江水之声便好像还带着蜀国之声。长江两岸层峦叠翠，吴国故地好像吞没在山色之中。表面上这两句都是写景，实是双关蜀将关羽的故事。关羽为蜀将，为刘备镇守荆州，最后却为吴国所害，留下无限的怅恨。上句明是写江水之声连吴带蜀，实是写关羽对蜀汉的深切之情；下句明写吴国的江山掩于山色之中，实写关羽意欲吞吴的雄心。

阶下泉声答松籁，云间树色隐峰螺。

【注释】出自清·康熙帝题蓟县古中盘寺联语。答，应答。籁，孔穴里发出的声音，泛指声音。松籁，松涛声。峰螺，指青色的山峰。

【译文/点评】此写古中盘寺周围泉水与松涛声相应，远处浓绿的林木与青翠的山峦交相辉映之景，可谓有声有色，如诗如画。

旌旗日暖龙蛇动，宫殿风微燕雀高。

【注释】出自唐·杜甫《奉和贾至舍人早朝大明宫》。龙蛇，指旗上所绘龙蛇图案。

【译文/点评】此写唐朝大明宫早晨的景象：旭日初升，微风习习，旌旗飘动，燕雀高翔。

九天阊阖开宫殿，万国衣冠拜冕旒。

【注释】出自唐·王维《和贾至舍人早朝大明宫之作》。阊阖（chāng hé），神话传说中的天门，这里指唐朝帝王的宫殿之门。万国衣冠，指穿戴服饰不同的各国使节。旒（liú），本指古代旗帜上悬垂的装饰品，后又指古代帝王礼帽前后悬垂的玉串。冕旒，帝王礼帽前后悬垂的玉串，这里代指皇帝本人。

【译文/点评】前句以“九天”写高，以“阊阖”写神圣，由此将唐王朝宫殿庄严神圣的气势烘托了出来。后句以“万国”写国家之众，以“拜”写唐与万国之间的主从关系，以万侍一，突出了大唐王朝及其帝王的威仪。这两句写盛唐早朝之诗，其场面之恢浑阔大，让人一读便有恍惚之感，仿佛置身于昔日大唐盛世的朝堂之上，不禁为其雄阔之气折服，立即有一种膝盖一软之感。

绝顶人来少，高松鹤不群。

【注释】出自唐·贾岛《宿山寺》。鹤不群，指孤鹤。

【译文/点评】此写山顶人迹稀、孤鹤立高松的山寺景象。但是，写景并非全部，而是别有寄慨，即以“高松”、“孤鹤”

暗喻君子自标一格、不与俗人同流合污的高洁品德。

廖落古行宫，宫花寂寞红。

【注释】出自唐·元稹《行宫》。廖落，冷落、冷清。行宫，古代帝王在都城以外供出行时居住的宫殿。

【译文/点评】此写古行宫荒凉的景象。说行宫“廖落”，言宫花“寂寞”，都是拟人移情的修辞手法，寄托的是诗人对行宫荒凉、花开无主景象的慨叹之情。

列宅紫宫里，飞宇若云浮。

【注释】出自晋·左思《咏史八首》（其五）。紫宫，星垣名，比喻皇都。飞宇，飞檐。若，像。

【译文/点评】此以夸张与比喻之法写京都洛阳建筑的雄伟高大之貌。

楼观沧海日，门对浙江潮。

【注释】出自唐·宋之问《灵隐寺》。

【译文/点评】此二句之妙，一在形式上的对仗极其工整，韵律和谐，乐感极强；二在写景上气象阔大，开人眼界，壮人胸怀。因为沧海之日、浙江之潮，一个突出的是视觉，一个突出的是听觉，遂将登临灵隐寺所见所闻和谐地合成了一幅有声有色的宏大画卷，让人为之心旷神怡。

楼台处处迷芳草，风雨年年怨落花。

【注释】出自明·曾棨《维扬怀古》。

【译文/点评】此写维扬（扬州）暮春之景。“迷芳草”，言草盛；“怨落花”，言春去。花谢草盛，春日将去，给人的自然是感伤。而“楼台处处”、“风雨年年”，则充满了历史的沧桑之感。从而使人由眼前之景联想到扬州的古往今来，回味联想的空间顿然扩张开来。细细体味起来，岂能不让人无限感慨。由此，诗句的美学价值便陡然大大提升。

楼台山色里，杨柳水声中。

【注释】出自唐·顾非熊《经河中》。

【译文/点评】此写楼台环拥于青山之抱，杨柳倒映于绿水之中的景象。

楼倚春江百尺高。

【注释】出自宋·张先《浣溪沙》。倚，靠。

【译文/点评】此写高楼临江而筑的情状。“百尺高”乃是夸张，并非实写，意在强调楼之高，以给人留下深刻的印象。

暮作归云宅，朝为飞鸟堂。

【注释】出自晋·陶渊明《拟古诗九首》（其四）。

【译文/点评】早见飞鸟聚积，晚见浮云飘荡。此言楼台荒废凄凉的景象。

南朝四百八十寺，多少楼台烟雨中。

【注释】出自唐·杜牧《江南春》。

【译文/点评】前句以“四百八十寺”的拟实修辞手法，突出强调了南朝佛教鼎盛的历史事实。后句以“楼台”与“烟雨”配对描写，冠以“多少”的不定语，遂使所写之景有了一种飘忽凄迷之感，让人觉得写景之中有怀古咏叹之感：是不是这里还有诗人对南朝佞佛风气与国运短暂的一种反讽之意？由此，大大扩张了诗句的内涵与审美价值。

攀云弄明月，晓星出扶桑。

【注释】出自宋·孙觉《介亭》。扶桑，神话传说中的树木。

【译文/点评】此写介亭高高耸立之状。“攀云弄明月”，是以夸张修辞手法极言介亭之高。“晓星出扶桑”也是夸张，极言扶桑树之高。树在亭傍，夸树高则是反衬亭高。

平山栏槛倚晴空，山色有无中。

【注释】出自宋·欧阳修《朝中措》。平山，指平山堂，在今江苏扬州，乃欧阳修任职扬州时所建。槛，栏杆。

【译文/点评】此写平山堂的高峻及视野的开阔。“倚晴空”，乃是夸张，是写平山堂之高。“有无中”，状远望中的山色若隐若现之貌，言凭栏远望时视野之开阔。

千家山郭静朝晖，日日江楼坐翠微。

【注释】出自唐·杜甫《秋兴八首》（其三）。

【译文/点评】此写日照群山，城郭静谧，江楼独坐，满眼青翠的春日晨景。

千章秀木黄公庙，一点飞雪白塔山。

【注释】出自金·赵沨《黄山道中》。千章，千株，大材曰“章”。黄公庙，指奉祠黄石公的庙。据《史记·留侯世家》载，张良反秦起事前，曾遇一神秘老者（即黄石公），得其夜授《太公兵法》，并告张良曰：“后十三年，孺子遇我济北縠城山下，黄石即我。”十三年后，张良助刘邦建立西汉王朝，功成身退，归隐山林，过济北时，果在縠城山下见到黄石，遂立庙祠之。

【译文/点评】此写黄山（此指縠城山，在今山东东阿县）道中所见塔庙及其周围之景。前句写近景，以“千章秀木”写黄公庙的环境，意在突出黄石公的功绩；后句写远景，以“一点飞雪”的视觉形象暗写出白塔山的遥远。在色彩方面，前句所表现的是一种深暗之色，“千章秀木”是浓郁的绿色，“黄公庙”的“黄”也是暗色。后句所表现的是一种明亮之色，“一点飞雪”是明色，“白塔山”的“白”也是明色。如此远景与近景结合、明色与暗色映衬，便勾画出一幅生动而色彩丰富的北国风光图，让人有一种如坐画中之感。在形式方面，此二句的工巧，也是水平极高的。“千章”对“一点”是数量词相对，同时含有数量上的对比；“秀木”对“飞雪”，是名词性偏正词组相对，同时在意象上有冷暖感的对比；“黄公庙”对“白塔山”，都是地名相对，但词中都有包含颜色的语素（白、黄），同样有色彩上的对比。如此精巧的对仗，不仅能带给读者视觉上的平衡愉悦感，也能引发读者听觉上的优美和谐感。

前峰月映半江水，僧在翠微开竹房。

【注释】出自唐·任翻《宿巾子山禅寺》。半江水，指退潮后的钱塘江。翠微，指翠绿的山。

【译文/点评】此写巾子山禅寺的景致：门对前峰，月映江水，寺在山中，僧在竹房。一幅古朴素雅、自然恬淡的山水画跃然纸上。

清风明月本无价，近水远山皆有情。

【注释】出自清·梁章钜题苏州沧浪亭联语。

【译文/点评】此联乃集前人名句而成。上句系出于宋人欧阳修《沧浪亭》诗“清风明月本无价”，下句出自宋人苏舜钦《过苏州》诗“绿杨白鹭俱自得，近水远山皆有情”。此联妙在利用前人名句，以拟人修辞手法将风、月、山、水人格化，突出了人与自然的亲密关系，读来亲切有味。

曲径通幽处，禅房花木深。

【注释】出自唐·常建《题破山寺后禅院》。

【译文/点评】前句言禅房的位置——“曲径通幽处”，直言其环境特点：“幽”。后句直接写景，以景呼应前句，突出一个“幽”字。“花木深”，言禅房藏得深，其意自然是要暗示出“幽”意。两句配合，表意一曲一直，就将禅房的幽静环境完全突显出来了。成语“曲径通幽”，即源于此。

人间四月芳菲尽，山寺桃花始盛开。

【注释】出自唐·白居易《大林寺桃花》。芳菲，形容花香芳香。

【译文/点评】此写庐山大林寺春天节候来得比山下晚的情景。按照正常的节候特征，四月已是花落叶绿的初夏时节，可是此时的庐山大林寺却是桃花盛开之时。这种景象虽然异于常规，却使人在“花落春去也”的惆怅之后获得了无限欣慰之情，不禁让人对庐山的无限风光心向往之。

山泉散漫绕阶流，万树桃花映小楼。

【注释】出自唐·元稹《离思五首》（其二）。

【译文/点评】此写小楼周围环境的幽雅情貌：山泉漫涌绕阶散，小楼掩映桃花中。“万树桃花”，乃是夸张，而非实写，意在强调桃树之多、桃花之盛。前句写泉水漫流，突出的是听觉形象；后句写桃花盛开，表现的是视觉形象；前句写动景，后句写静景。如此动静结合、形声相衬，使花围泉绕的小楼更添幽雅情趣。

山石荦确行径微，黄昏到寺蝙蝠飞。

【注释】出自唐·韩愈《山石》。荦（luò）确，山石不平的样子。

【译文/点评】此写寺路细小而多石，寺内黄昏蝙蝠多的情景。“行径微”，言到者少；“蝙蝠飞”，言游者稀。两两相对，互相补足，强调了寺院的寂静之状。从所写之物看亦然，“山石”为不动之物，“蝙蝠”是会飞之物，一动一静，也突出了寺院的寂静。

山亭水阁笙歌地，合与行人作醉乡。

【注释】出自宋·周元明《同胡武平游南园》。合，应该。与，给。

【译文/点评】此写山亭水阁与音乐给身在异乡之人的心灵慰藉。

深院下帘人昼寝，红蔷薇架碧芭蕉。

【注释】出自唐·韩偓《深院》。

【译文/点评】前句写主人下帘昼眠的幽闲之情，后句写红花绿树相映生辉的美丽之景，仿佛一幅人物写真画，人因花树而有趣，花树因人而生动。

石桥路上千峰月，山殿云中半夜钟。

【注释】出自唐·周元范《寄白舍人兼鹤林招隐二长老》。山殿，指寺院中的大殿。云中，指山殿极高。

【译文/点评】此写月照千峰，石桥路明，山殿耸立，夜钟悠扬的夜景。前句写路、桥、峰、月，后句写山、殿、云、钟，十四字中包含了如此多的景物，且有形有声，可谓言简意丰，意境深远，让人味之不尽，思之无穷。

水殿风来暗香满。

【注释】出自后蜀·孟昶《玉楼春》。水殿，建于水上的宫殿等建筑物。

【译文/点评】此写风过水殿而将殿中美人的幽香飘送过来的情景。前句是“冰肌玉骨清无汗”，写的就是水殿中的美人。

水接西江天外声，小斋松影拂云平。

【注释】出自唐·杜牧《题元处士高亭》。

【译文/点评】此写元处士高亭之景致。前句写从高亭远望所见所闻：水接西江，涛声震天；后句写从高亭回望所见之景：屋处林中，松高及云。“天外声”、“拂云平”，皆是夸张修辞手法，前者形容涛声之大，后者夸说松树之高。

水面文章风写出，山头意味月传来。

【注释】出自苏州网师园濯缨水阁联语。

【译文/点评】此以拟人修辞手法写出了风行水上涟漪起、

月照山林景色新的恬静清幽的意境。

水通南国三千里，气压江城十四州。

【注释】出自宋·李清照《题八咏楼》。南国，指中国南方。气，气势。压，超过。江城，指婺州城。十四州，指宋代包括婺州在内的两浙路所辖的两府十二州。

【译文/点评】此写八咏楼地处水路四通八达的要津，气势凌驾于两浙路十四州所有建筑的优越地理位置与高大雄伟之貌。二句皆是运用修辞上的夸张手法，极言所要强调的主旨，因此给人的印象特别深。“三千里”与“十四州”，是数量词组相对，形式对仗非常工整。因此，在主旨宏大的基础上，也给诗句增添了形式美。

四顾风烟入怀袖，一弯溪水抱沙汀。

【注释】出自宋·司马伋《点易亭》。汀（tīng），水边平地。沙汀，指沙洲。

【译文/点评】此写满眼烟雾，风动襟袖，溪岸弯弯，溪水抱汀的景象。

四面有山皆入画，一年无日不看花。

【注释】出自明·祝允明题扬州凝翠轩联语。

【译文/点评】上句写观山，着眼的是远景；下句写看花，着眼的是近景。上句“四面”着眼的是空间，下句“一年”着眼的是时间。从而从时间到空间，从远景到近景，从不同的角度突出强调了凝翠轩优美无比的环境。

松覆山殿冷，花藏溪路遥。

【注释】出自唐·綦毋潜《题鹤林寺》。

【译文/点评】此写鹤林寺松古花幽之景。“松覆山殿冷”，言松树之高大荫浓；“花藏溪路遥”，言花隐于溪水远路之旁。二句十字，通过“松”、“花”的细节特征，写尽了鹤林寺环境的古朴幽雅。

松声竹声钟磬声，声声自在；山色水色烟霞色，色色皆空。

【注释】出自南京永济寺联语。磬（qìng），古代打击乐器，用石或玉做成，悬于架上。

【译文/点评】此联语虽然仿自明人顾宪成东林书院的名联“风声雨声读书声，声声入耳；家事国事天下事，事事关心”，但模仿之中有创新，内容贴合寺院的情境，意韵深长，给人以无尽的回味。

塔盘湖势动，桥引月痕生。

【注释】出自清·吴伟业《过吴江有感》。塔，此指旧时吴江（今江苏吴江）东门外宁境华严讲寺内的方塔，七层，高十三丈，方形，故名方塔。桥，此指旧时吴江的垂虹桥，俗名长桥，前临太湖，东西百余丈，有七十二孔，中间有垂虹亭。

【译文/点评】此写吴江方塔与垂虹桥的气势。前句说方塔高耸，从太湖各个角度都能见到塔的倒影，风生水起，好像整个太湖都围绕方塔在动荡。这是夸张修辞手法，意在突显方塔之高。后句说天上之所以看见月痕，好像是由垂虹桥绵长的桥身所投影出来的。这也是夸张修辞手法，意在强调垂虹桥之长。如此，便将天地、月湖、塔桥融为一体，在相互映衬中表现了吴江非同寻常的景色。

塔影挂清汉，钟声和白云。

【注释】出自唐·綦毋潜《题灵隐寺山顶禅院》。清汉，指银河。和，伴随。

【译文/点评】前句言寺塔之高，后句言钟声飘荡之远。二句皆是运用夸张修辞手法的妙笔，于铺张扬厉中写活了灵隐寺的塔影、钟声。前者着笔于形，后者着意于声。如此形声兼备，让人如睹如闻，大有身临其境之感。

苔新禽迹少，泉冷树阴重。

【注释】出自唐·刘得仁《青龙寺僧院》。

【译文/点评】此写春日青龙寺环境的清幽境界。“苔新”，既是写景，也是交待季节时间，说明此时是春天。“禽迹少”，明写鸟迹不多，暗寓人迹罕至。“泉冷”与“树阴重”，是从正反两方面强调春意浓郁的意旨。因为春意浓才会“树阴重”，而“树阴重”则是“泉冷”的原因。因此，后句也有于写景之中交代季节时间的双重意图。这便是古人所说的“文以复意为工”的境界，也就是以最少的文字表达最丰富的内涵。

天远楼台横北固，夜深灯火见扬州。

【注释】出自宋·杨蟠《陪润州裴如晦学士游金山回作》。北固，即北固山，在今江苏镇江市北。

【译文/点评】此写楼台横立于北固山顶，夜深登楼极目远望，天高视野阔，繁华的扬州灯火仿佛就在眼前的景象。

迢递高城百尺楼，绿杨枝外尽汀洲。

【注释】出自唐·李商隐《安定城楼》。迢递，遥远貌。汀，水边平地。洲，水中的小块陆地。

【译文/点评】前句写从远处所见的安定城楼形象，“百尺”是夸张的说法，其意是为了强调突出城楼之高。后句写从城楼上所见远处的景象：青枝绿叶无边无际，水边之汀、水中之洲触目皆是。

庭院深深深几许？杨柳堆烟，帘幕无重数。

【注释】出自宋·欧阳修《蝶恋花》。几许，多少。无重数，无数重。

【译文/点评】第一句写庭院之深，连用三个“深”字，此乃叠字修辞手法，意在强调突显庭院之深邃。第二句写浓雾中的杨柳情状，“堆”字既写出了杨柳之密，也表现了晨雾之浓。第三句写佳人与外界隔着无数重帘幕，暗寓佳人被禁锢很深之意。第二句写远景，第三句写近景，远近结合，相互配合，共同回应了第一句的“深”字。由此，由景而意，表达了春色无限而与闺中之人无缘的闺怨之情。

万户楼台临渭水，五陵花柳满秦川。

【注释】出自唐·崔颢《渭城少年行》。五陵，指汉代五位皇帝的陵墓所在处。秦川，指渭水两岸的关中平原。

【译文/点评】此写唐代长安渭水两岸楼台林立，平原山陵花柳扶苏的春日景象。

万籁此都寂，但余钟磬音。

【注释】出自唐·常建《题破山寺后禅院》。籁，从孔穴中发出的声音。万籁，指各种声音。但，只。磬（qìng），此指佛教的打击乐器，形状像钵，用铜制成。

【译文/点评】此写破山寺万籁俱寂、唯余钟磬之声的幽静夜境。前句否定一切声音，后句突出强调钟磬之声，于语意矛盾中突显了破山寺夜晚的寂静。

五步一楼，十步一阁；廊腰缦回，檐牙高啄；各抱地势，钩心斗角。

【注释】出自唐·杜牧《阿房宫赋》。廊腰，指连接各建筑的走廊，就像人的腰一样，故名之曰“廊腰”。缦（màn），无花纹的缯帛。檐牙，屋檐向外突出，就像人的牙齿向外一样，故曰“檐牙”。高啄，指屋檐尖耸，就像是鸟儿仰首啄物之状。钩心斗角，指阿房宫周围辅助建筑与中心建筑相连，屋角对凑，状如相斗。

【译文/点评】此写阿房宫建筑群的景观及其结构特点。“五步一楼，十步一阁”，言楼阁之多；“廊腰缦回”，言走廊萦绕回绕之美；“檐牙高啄”，言屋檐高耸突出之状；“各抱地势，钩心斗角”，言各个辅助建筑环绕中心建筑依地势而建并相互勾连对接的情状。用“夸张”，令人印象深刻；用“比喻”，让人觉得形象生动。由此，将后人不睹不见的阿房宫雄伟壮丽的景观活灵活现地呈现出来，令人记忆深刻，永久难忘。

夕阳连雨足，空翠落庭阴。

【注释】出自唐·孟浩然《题大禹寺义公禅房》。雨足，雨脚。

【译文/点评】此写大禹寺雨后天晴的景象：阵雨刚过，夕阳就随着雨脚而出；雨后的庭院空蒙旷阔，翠绿的树木在夕阳余晖的照射下洒下一片浓荫。

西北有高楼，上与浮云齐。

【注释】出自汉·无名氏《西北有高楼》。

【译文/点评】此乃以夸张修辞手法写高楼之高，是汉人描写宫室之常道。

西风残照，汉家陵阙。

【注释】出自唐·李白《忆秦娥》。西风，指秋风。残照，指夕阳。陵阙，指皇家陵墓前的建筑物。

【译文/点评】此写秋风夕阳反衬汉家陵阙的荒凉景象，意在感叹在无情的时光面前，任何伟大的人物与历史功绩都是过眼云烟。

溪山掩映斜阳里，楼台影动鸳鸯起。

【注释】出自宋·魏夫人《菩萨蛮》。

【译文/点评】此写夕阳西下，日光移动，余霞满天，溪山尽染，楼台影摇，风生水起，鸳鸯惊飞的晚景。两句十四字，有山有水，有光有影，有静景（山），也有动景（流动的溪水、移动的光影、飞起的鸳鸯），动静结合，山水相映，光影配合，逼真地勾画出了一幅夕阳溪山、楼台飞鸟的生动图画。

溪亭修竹里，激激玉泉流。

【注释】出自宋·吴奎《游云门寺留题灵运上人房》。修，长。激激，此指水流湍急之声。玉泉，指洁白清纯的泉水。

【译文/点评】此写亭阁傍溪，隐于竹林，泉水清澈，湍急有声的景象。

下窥指高鸟，俯听闻惊风。

【注释】出自唐·岑参《与高适薛据登慈恩寺浮图》。

【译文/点评】此乃写慈恩寺塔之高：向下看可以指到高飞于天空中的鸟儿，向下听可以听到塔下呼啸的风声。“高鸟”、“惊风”都是夸张的说法，意在强调塔的高耸入云的形象。

闲阶有鸟迹，禅室无人开。

【注释】出自唐·李白《寻山僧不遇》。

【译文/点评】此言山寺寂静无人的情景。“有鸟迹”，言久未有人从此台阶经过；“无人开”，言僧人已经外出。前写鸟，后写人，两相对照，突出强调了山寺的僻静之状。

小院回廊春寂寂，浴凫飞鹭晚悠悠。

【注释】出自唐·杜甫《涪城县香积寺官阁》。

【译文/点评】此写香积寺官阁清幽、雅致的环境与悠闲、自然的情趣。前句“小院回廊”，意在突显人工之妙，表现的是官阁的雅致；“春寂寂”，以叠字“寂寂”表现春深官阁无人的情境，突出的是官阁的清幽氛围。后句“浴凫飞鹭”，写野鸭在池中浴羽、白鹭在空中飞行之景，意在突显官阁周围环境的自然天趣；“晚悠悠”，以叠字“悠悠”写凫鹭之悠闲情态，明是写鸟，实是借鸟写人悠闲的心态，突出的是“悠闲”之情调。

小院无人雨长苔，满庭修竹间疏槐。

【注释】出自唐·杜牧《即事》。

【译文/点评】此写庭院清幽、雅致的环境。前句写庭院清幽之境。“小院无人”是“雨长苔”的原因，“雨长苔”是“小院无人”的结果。若是有人，小院之径又何以能长出苔藓？后句写庭院雅致之韵。修竹满庭虽雅洁之极，但是略显单调。而修竹间杂少数几棵绿槐，那就有“万绿丛中一点红”的映衬效果，益显庭院之景雅韵无限。

须臾满寺泉声合，百尺飞檐挂玉绳。

【注释】出自唐·张萧远《兴善寺看雨》。须臾，一会儿。泉声合，指雨声与泉水喷涌之声合而为一。玉绳，指从屋檐流下的水柱。

【译文/点评】此写兴善寺所见急雨如流泉的景象。前句写听觉形象，后句写视觉形象。形声兼备，给人以身临其境的感觉。“百尺飞檐”是夸张修辞手法，极言房屋之高；“玉绳”，运用比喻修辞手法，形象地描绘了飞檐流水奔流不绝的情状。

鸦啼木郎庙，人祭水神祠。

【注释】出自元·揭傒斯《归舟》。

【译文/点评】此写“人自祭神鸦自鸣”的景象。两句各写一个景象，就像是两幅画，通过对仗的形式对接起来后，便合二为一，表现了一种自然而恬静的情趣。从字句看，“鸦啼”对“人祭”，“木郎庙”对“水神祠”，对仗的工整巧妙，不仅给人一种视觉上的平衡愉悦感，听觉上也别有一种韵律和谐之美。因此，无论是读还是听，都能给人以非常深刻的印象。

烟波澹荡摇空碧，楼殿参差倚夕阳。

【注释】出自唐·白居易《西湖晚归回望孤山寺赠诸客》。澹荡，浩荡。摇空碧，指投映在水中的碧空随波动荡。

【译文/点评】西湖烟波浩荡，碧空映于水中随波微动，夕阳的余晖映衬着参差的楼殿建筑。此乃回望孤山寺所见杭州晚景。

烟笼古寺无人到，树倚深堂有月来。

【注释】出自清·翁方纲题北京陶然亭联语。

【译文/点评】此写古寺深堂的静谧幽深。以"无人到"和"有月来"，正反相衬，突出了寺、堂世外桃源般的情境。

野庙向江春寂寂，古碑无字草芊芊。

【注释】出自唐·李群玉《黄陵庙》。野庙，此指荒凉的黄陵庙，在今湖南湘阴县北洞庭湖畔，是祭祀湘水女神娥皇与女英的庙宇。向江，对江。江，此指湘江。芊芊（qiān），草木茂盛貌。

【译文/点评】此写黄陵庙的景致：春江水满，野庙荒凉，古碑无字，杂草丛生。叠字"寂寂"、"芊芊"的运用，将诗句所要渲染的荒凉冷落的氛围更加突显出来，读之令人不禁感慨万千。

野树苍烟断，津楼晚气孤。

【注释】出自唐·陈子昂《岘山怀古》。津楼，渡口的亭楼。晚气，晚云。

【译文/点评】此写晚登津楼所见之景：野树之色苍茫如烟，津楼之上晚云孤闲。"苍烟断"，言望得远；"晚气孤"，言站得高。站得高，望得远，则登楼怀古的感慨自然深切沉重了。因此，"断"、"孤"二字表面虽是写景，实则是寄寓了深切的感慨之情。

一川花柳拥雕阑，浓绿浮空四面山。

【注释】出自宋·李光《题广德州三峰楼》。拥，簇拥。雕阑，雕花的阑干。

【译文/点评】此写三峰楼周围花柳扶苏、山水环抱的环境。

一竿竹影敲明月，半榻松风卧白云。

【注释】出自北京香界寺大乘门联语。

【译文/点评】此以拟人修辞手法，将竹影、松风人格化，写尽了香界寺的幽静清雅的境界。“敲明月”、“卧白云”不仅动感强烈，而且意境新奇幽远，让人味之无穷。同时，联语在对仗上的工整，也让人赏心悦目，赞叹不已。

一径竹荫云满地，半帘花影月笼纱。

【注释】出自颐和园月波楼联语。

【译文/点评】此写月波楼朦胧月光下浮云飘动，小径、竹荫、花影交映成趣之景。

一溪流水一溪月，八面疏棂八面风。

【注释】出自宋·冯取洽《自题交游风月楼》。棂(líng)，窗户或栏杆上雕花的格子。

【译文/点评】此写风月楼的妙处所在：旁临溪水，八面来风，举头可望月，低首可弄影。

迎得春光先到来，浅黄轻绿映楼台。

【注释】出自唐·刘禹锡《杨柳枝词二首》(其一)。

【译文/点评】此写登临楼台所见早春景象。站得高，望得远，远近的早春景象自然可以最先领略。“浅黄轻绿”，写植物叶子的浅淡颜色，意在突显“早春”的意旨。

映阶碧草自春色，隔叶黄鹂空好音。

【注释】出自唐·杜甫《蜀相》。

【译文/点评】此写成都武侯祠春天草绿鸟鸣的情景。“自春色”，言春草自生自长，无人过问；“空好音”，言黄鹂叫声虽好，可惜无人有心聆听。“自”、“空”二字都突出强调了武侯祠的荒凉无人景象，意在感喟哲人已去、时光无情。

有亭翼然，临于泉上者，醉翁亭也。

【注释】出自宋·欧阳修《醉翁亭记》。翼然，像有翅膀要飞动的样子。“……者，……也”，古代汉语判断句形式之一，相当于“……是……”。

【译文/点评】有个亭子像生了翅膀要飞去一样，临于泉水之上，这就是醉翁亭。此写醉翁亭的形态与位置。

玉阶一夜留明月，金殿三春满落花。

【注释】出自唐·李白《瑞雪》。

【译文/点评】此写雪后的宫殿景色。前句写宫殿台阶积雪耀眼犹如明月，后句写宫殿屋顶雪花飞舞如同三春纷飞的落花。比喻新颖，形象感极强。

远帆春水阔，高寺夕阳多。

【注释】出自唐·许浑《潼关兰若》。

【译文/点评】此二句前句写水，后句写山；水中有船，山上有寺；春水广阔，船行于上；山高寺雄，夕阳最多。虽然简单十个字，意境却十分高远，景物也十分丰富，背景也非常壮阔，简直就是一幅雄浑而淡雅的山水图轴。

远磬秋山里，清猿古木中。

【注释】出自唐·刘长卿《登思禅寺上方题修竹茂松》。

【译文/点评】此写深山古寺的清幽环境。写磬声远闻于秋山之中，意在暗示山中之静；写猿声清苦、林木苍古，意在表现林茂山深。两句两个细节的描写，表面对所要表现的“幽静”意境“不著一字”，但其意尽在其中矣，这便是中国传统文学所追求的婉约蕴藉之美。

远吞山光，平挹江濑，幽阒辽敻，不可具状。夏宜急雨，有瀑布声；冬宜密雪，有碎玉声；宜鼓琴，琴调虚畅；宜吟诗，诗韵清绝；宜围棋，子声丁丁然；宜投壶，矢声铮铮然，皆竹楼之所助也。

【注释】出自宋·王禹偁《黄州新建小竹楼记》。挹（yì），舀。濑（lài），湍急的水。具状，一一描写。阒（qù），寂静、无声。辽敻（xiòng），悠远的样子。丁丁，围棋落盘之声。投壶，古代宴会时的一种娱乐活动，宾主依次把筹投入壶中，以投中多少决定胜负，负者须饮酒。铮铮，投筹入壶之声。

【译文/点评】此写黄州新建小竹楼的幽雅及其情趣。前四句写竹楼观景的情趣：远观山光，尽收眼底；近看江水，伸手可及。幽静的环境，辽阔的视野，可谓妙不可言。后六句，乃是运用排比修辞手法，写住在小竹楼内的听觉感受：夏天听急雨泻过以竹为瓦的屋顶，犹如是瀑布流过之声；冬天听细密的雪珠敲打着屋顶，犹如玉碎之声一样清脆；人在竹楼内弹琴，琴声显得格外空蒙流畅；在竹楼内咏诗，诗韵会显得分外清绝；在竹楼内下围棋，棋子落盘，丁丁之声更添情趣；在竹楼内投壶宴客，箭矢之声铮铮有声，更显清幽之趣。如此从视觉与听觉两个方面写竹楼的清幽雅致，形声兼备，让人如临其境，如闻其声，不禁为之无限神往。

月来满地水，云起一天山。

【注释】出自清·郑燮题扬州小金山月观亭。

【译文/点评】此联以比喻修辞手法小金山月观亭的夜色。上句写明月在天，清辉洒地，就像水泄于地；下句写风起云涌，云头似群峰竞起。写景非常生动形象，给人以无限的想象空间。

月映竹成千个字，霜高梅孕一身花。

【注释】出自清·袁枚题扬州个园联语。千个字，指竹林中竹的形象。竹字两个“个”字合成，竹又像“个”字形状。霜高，指霜浓。

【译文/点评】此联上句写月映竹林、交相辉映之趣，下句写梅花傲霜斗雪、将开未开之状。两句表面是写景，实则别有寄托，表达的是诗人对竹之劲节虚怀、梅之坚贞高洁品格的歌颂，观照的是士大夫高洁的精神境界。

云卷千峰色，泉和万籁吟。

【注释】出自承德避暑山庄万壑松风殿联语。籁，孔穴中发出的声音，泛指声音。

【译文/点评】上联写视觉，是色；下联写听觉，是声。上联写天上、远峰，下联写地下、近处。有声有色，远近相配，如诗如画。

云里帝城双凤阙，雨中春树万人家。

【注释】出自唐·王维《奉和圣制从蓬莱向兴庆阁道中留春雨中春望之作应制》。

【译文/点评】前句写长安帝宫阙大壮丽之势，后句写长安民居辐辏密集之状。前句以“云里”冠句首，突出的是帝阙之高与帝王之尊的可望不可即；后句以“雨中”冠句首，突显的是民居和春树如春雨般的触手可及与亲切寻常。

云侵塔影横江口，潮送钟声过海门。

【注释】出自元·陈孚《金山寺》。

【译文/点评】此写金山寺（在今江苏镇江）塔的雄姿与寺钟悠扬的情景。前句写寺塔之高，不直说寺塔高耸入云，而说“云侵塔影”，让云主动，以此突显寺塔之高。“横江口”，是说寺塔的投影能够横断远处的江口，这是从投影的角度来写寺塔之高，是侧笔。后句写寺钟的清扬悠远的音色，说“潮送钟声”，不是说钟声传远是借潮声之光，而是说钟声盖过潮声，意谓钟声在排除潮声的干扰后还能声传远方，这是“烘云托月”的笔法，意在突显寺钟声音的悠扬清越。“过海门”，是直笔夸张，说钟声所传到的地方，是明显强调寺钟传远之意。前句写视角形象，后句写听觉形象。如此前后配合，形声兼备，遂让人读之有如临其境之感，仿佛如见塔影，如闻钟声。

云涌楼台出天上，风摇钟磬落人间。

【注释】出自宋·苏轼题镇江北固山甘露寺联语。

【译文/点评】此写甘露寺建筑之高与环境之幽静。“出天上”与“落人间”二语同义，皆言寺高。“云涌楼台”、“风摇钟磬”，突出的都是自然之物（云、风），强调的正是寂静无人的境界。

竹送清溪月，松摇古谷风。

【注释】出自清·董其昌题松江拄颊山房联语。

【译文/点评】此写山房周围环境的幽静清雅，但是动中有静，“月”、“风”的主体与动词“送”、“摇”相配合，突出了这种动感。同时“竹送清溪月”，又是拟人修辞手法的运用，将无情感、无生命的竹人格化，更觉亲切有味。

医药养生

安时而处顺，哀乐不能入也。

【注释】出自先秦《庄子·养生主》。安时，安于生死之时。处顺，顺应生死之变化。入，进入心灵。也，句末语气助词。

【译文/点评】顺应自然规律，生也不喜，死也不哀，心灵就能始终保持平静。此言对于生死有达观平静的心态，是有助于健康的。

病多知药性，年长信人愁。

【注释】出自唐·于鹄《山中自述》。年长，年纪大。

【译文/点评】病多了自己也知道药性了，年纪大了才知道做人的忧愁。此乃病中感言，人在病中多有此想。前句所言，乃与现在我们所说的“久病成医”同义。

病困乃重良医，世乱而贵忠贞。

【注释】出自晋·葛洪《抱朴子·广譬》。病困，病重。乃，才、就。重、贵，皆是重视之义。

【译文/点评】病重才会重视良医，世道混乱了才知道看重忠贞之臣。此言关键时刻才能体会到良医、忠臣对病人、对国家的重要性。

踣者思起，必呼而求拯；疾者思愈，必呻而求医。

【注释】出自唐·刘禹锡《上杜司徒书》。踣（bó），跌倒。必，一定。愈，病好。呻，呻吟。

【译文/点评】摔倒在地的人想爬起来，一定会呼叫而请求别人拯救；生病的人想着早点好起来，一定会呻吟着而求医生救治。此言人都有跌而求救、病而求医的自然本能。

惩病克寿，矜壮暴死。

【注释】出自唐·柳宗元《敌戒》。惩，警戒。克，能。矜，夸耀。

【译文/点评】警戒疾病的发生就能长寿，自恃年壮而不注意就会暴死。此言乃是讲防病养生的道理，任何时候都是值得人们重视的。

吃饭防噎，行路防跌。

【注释】出自明·施耐庵《水浒传》第三十三回。

【译文/点评】此言生活中最细小的事情都要认真予以防范，否则将可能对生命造成不可挽回的损害。

出舆入辇，命曰蹶痿之机；洞房清宫，命曰寒热之媒；皓齿娥眉，命曰伐性之斧；甘脆肥脓，命曰腐肠之药。

【注释】出自汉·枚乘《七发》。舆、辇（niǎn），都是车。命曰，叫作、称为。蹶（jué）、痿（wěi），都是指麻痹瘫痪之病症。机，机兆。洞房，指幽深的房屋。清宫，清凉的宫室。寒热，感寒受热。媒，媒介。皓齿娥眉，代指美女。脓，通“醲”，醇厚的酒。

【译文/点评】出入都以车代步，可以说是肌肉萎缩、腿脚麻痹瘫痪的预兆；总住在幽深、清凉的高宫大屋之中，可以说是要得寒热之症的媒介；粉白黛绿的美女，就像是砍伐男人性命的利斧；甘美的佳肴与醇厚的美酒，简直就是腐烂肚肠的毒药。此言人需要运动锻炼，才能保持肌肉发达、腿脚利索；冬天应该受受风寒，夏天要感受感受酷暑，那才能对寒热之病有抵抗能力；沉溺于女色，那是男人自毁生命的愚蠢之举；美味佳肴虽然一时痛快于口，但对肠胃是没有好处的。意谓人要获得健康的身体，就应该多运动，多经风寒，远离女色，饮食节制。这个观念是符合现代医学原理的。

但把穷愁博长健，不辞最后饮屠苏。

【注释】出自宋·苏轼《除夜野宿常州城外二首》（其二）。但，只。博，博取。长健，长久的健康。辞，推辞。屠苏，此指屠苏酒。古代习俗大年初一喝屠苏酒，少者先饮，年长者后饮。

【译文/点评】此言不怕穷愁潦倒，只要健康长寿，饮屠苏酒时总是最后一人（即最年长）就好。此言表达了诗人希望健康长寿而不希冀富贵的达观心态。

但愿有头生白发，何忧无地觅黄金。

【注释】出自宋·戴复古《望江南》。但愿，只希望。生白发，指长寿。

【译文/点评】此言只希望健康长寿，不在乎富贵。这两句诗表达的是一种健康第一的思想，与现代人所说的“健康就是财富”的观点有相通之处。

多病所须惟药物，微躯此外更何求？

【注释】出自唐·杜甫《江村》。惟，只。微躯，指自己的身体，自谦之词。更何求，无所求。

【译文/点评】此言人在生病时最需要的是药物，没有比快点治好病更要紧的了。

厚酒肥肉，甘口而病形。

【注释】出自先秦《韩非子·扬权》。厚酒，醇酒。

【译文/点评】醇酒肥肉，吃起来嘴巴爽快，但对身体则有不利。此言酒肉吃喝太多有害身体，与现代医学的观点是相一致的。

呼吸吐纳，全身养精。

【注释】出自唐 · 卢照邻《悲人生》。

【译文/点评】呼出浊气，吸进新鲜空气，对于身体有益。此言吐故纳新的生理机制对人体健康的助益，符合现代医学的保健理念。

静然可以补病，眦搣可以沐老，宁可以止遽。

【注释】出自先秦《庄子 · 外物》。静然，保持安静的状态。补病，养病。眦（zì），眼角。搣（miè），按摩。沐老，洗去老态。遽（jù），急速、恐惧。

【译文/点评】保持安静的状态可以养病，按摩眼角可以消除老态，宁神静气可以消除恐惧。此所言养生的道理，在今天看来也还是有道理的，今日人们练气功、练瑜伽，都与此有相通之处。

酒能祛百虑，菊解制颓龄。

【注释】出自晋 · 陶渊明《九日闲居》。祛（qū），去除。百虑，指很多烦恼苦闷。制，阻止、遏制。颓龄，指衰老。

【译文/点评】一醉能解百种忧，饮菊能遏衰弱年。此言酒能解忧、菊能养生的道理。

劳其形者长年，安其乐者短命。

【注释】出自宋 · 欧阳修《删正黄庭经序》。劳其形者，做体力劳动的人。长年，长寿。安其乐者，安于逸乐的人。

【译文/点评】经常做体力劳动的人会长寿，而安于逸乐、无所事事的人常会短命。此言劳动、运动有助于身体健康、延年益寿，不运动、不劳动的人会短命。这个说法也符合现代医学的观点。

乐易者常寿长，忧险者常夭折。

【注释】出自先秦《荀子 · 荣辱》。乐易者，快乐而平易的人。忧险者，多忧而阴险的人。夭折，短命。

【译文/点评】快乐平易的人常常长寿，多忧阴险的人常常短命。此言保持快乐的心态是臻至健康的养生良方。

良药苦口而利于病，忠言逆耳而便于行。

【注释】出自南朝宋·范晔《后汉书·袁谭传》。逆耳，刺耳、不动听的话。

【译文/点评】此以苦口之药对疗疾有效为喻，说明逆耳的忠谏对一个人行事成功的重要性。

良药苦口，惟疾者能甘之。

【注释】出自晋·陈寿《三国志·吴书·孙奋传》。惟，只有。疾者，生病的人。甘之，以之为甘、觉得它甜。

【译文/点评】苦口的良药，只有生病的人才会觉得它好喝。此言人在生命出现危机时才会不避口味之苦甜。

良药苦于口，而智者劝而饮之，知其入而已己疾也。

【注释】出自先秦《韩非子·外储说左上》。之，指药。已，停止。也，句末语气助词。

【译文/点评】有效的药剂喝起来苦口，但明智的人会劝人喝下它，知道这种药喝下后会对遏止自己的疾病有帮助。此语与后来由此引申而来的“良药苦口利于病”同义，讲的是药效与口感的矛盾关系。

良医不能措其术，百药无所施其功。

【注释】出自宋·欧阳修《祭刘给事文》。措，施行。百药，代指各种药物。施其功，发挥其功效。

【译文/点评】最好的医生也施展不了其医术，所有的药物都无法发挥功效。此言疾病无可救药。

良医服百病之方，治百人之疾。

【注释】出自汉·王充《论衡·别通篇》。服，采用。方，药方。百，虚指，代指多数。

【译文/点评】良医采用能治大多数疾病的药方，治疗大多数人的疾病。此言能开出对治疗多数疾病都有效的药方才是良医。

良医之门多病人。

【注释】出自先秦《荀子·法行》。之，的。门，门下。

【译文/点评】此言医术高明才能得到病人的信任。

明治病之术者，杜未生之疾。

【注释】出自晋·葛洪《抱朴子·用刑》。之，的。术，方法。杜，杜绝。

【译文/点评】懂得治病方法的人，就能杜绝未发生的疾病。此言高明的医生不是靠技术高明而等病发治病，而是要掌握治病的方法，防微杜渐，使疾病被遏制于未发之时。

匿病者不得良医，羞问者圣人去之。

【注释】出自汉·董仲舒《春秋繁露·执贽》。匿（nì），隐瞒。羞问者，以向人请教为羞耻的人。去，离开。之，他。

【译文/点评】隐瞒病情的人是找不到良医的，羞于向人请教的人即使是修养如圣人的人也会离开他的。前句言再好的医生不能确切地知道病人的病情，不能对症下药，就不能治好病人的病。其意是劝病人要向医生真实地反映病情，配合医生治病。后句说治国的人应该不耻下问，向圣人请益，才能把国家治好。

起居时，饮食节，寒暑适，则身利而寿命益。

【注释】出自先秦《管子·形势解》。时，按时、有规律。节，节制。适，防范适当。则，就。

【译文/点评】起居有规律，饮食有节制，寒暑时防范措施适当，就会对身体有利而延年益寿。这个养生的规律，今天我们也还一直在讲，确是千古不易的真言。

人处疾则贵医。

【注释】出自先秦《韩非子·解老》。处疾，生病。则，就。贵，以……为贵、尊重。

【译文/点评】人生病了就会尊重医生。此言医生的作用只有在人生病时才能充分为人所认识到。

人体欲得劳动，但不当使极尔。

【注释】出自晋·陈寿《三国志·魏书·华佗传》。欲，需要。劳动，活动、运动。极，顶点、过度。

【译文/点评】人体需要多活动活动，但是不应当使其疲劳过度。此言活动对人体健康有益，但过度了则有害于身体。这也符合现代医学的原理。

人之所取畏者，衽席之上、饮食之间。而不知为之戒者，过也。

【注释】出自先秦《庄子·达生》。之（第一个），放在主谓语之间，取消句子的独立性。取畏者，所应当畏惧的。衽(rèn)，衣襟。衽席，席子。衽席之上，指性生活。“……者，……也”，古汉语判断句形式之一，相当于“……是……”。过，错误、过失。

【译文/点评】人应该畏惧的是纵情声色、饮食不知节制。对此不知道加以节制，就是过失。现代医学表明，性生活过频、饮食无所节制，都是伤身致病的根源。可见，古人的话是没错的。

善养身者，使之能逸而能劳，步趋动作，使其四体狃于寒暑之变。

【注释】出自宋 · 苏轼《策别十六》。之，指身体。步，行步。趋，快走。步趋动作，即行走活动。四体，四肢。狃(niǔ)，习惯。

【译文/点评】善于养护身体的人使身体劳逸结合，经常行走活动，使四肢习惯于寒暑的变化。此言劳逸结合、行走活动是养生的重要方法，与现代医学所倡导的运动保健的理念是一致的。

善养生者若牧羊然，视其后者而鞭之。

【注释】出自先秦《庄子 · 达生》。养生，养护身心以期延年益寿。若，像。牧，放牧、管理。然，一样。后者，落后的、缺少的、不足的。鞭，鞭策。

【译文/点评】善于养护身心以期延年益寿的人就像放牧羊群一样，看看身体哪一部分有缺陷不足就予以调整补养，就像牧羊时看到落后的羊只就甩一鞭子予以鞭策一般。此言强健补弱的养生方法。

善养生者，慎起居，节饮食，导引关节，吐故纳新。

【注释】出自宋 · 苏轼《上神宗皇帝书》。慎，谨慎、注意。节，节制。导引，此指活动。吐故纳新，指吐出浊气，吸收新鲜空气。

【译文/点评】善于养生的人，注意起居的规律，节制饮食，活动关节，吐故纳新。此言养生的道理，今日看来还是非常有道理的。今天保健提倡多运动、少饮食、多吸氧、生活要有规律，正是此理念的翻版。

神太用则竭，形太劳则弊。

【注释】出自晋 · 陈寿《三国志 · 魏书 · 蒋济传》。神，精神。太用，过度使用。形，形体、身体。太劳，过分疲劳。

则，就。弊，疲惫。

【译文/点评】精神过度耗费就会衰竭，身体太过劳累就会感到疲惫。此言精力与体力都要使用适当，不可过度，否则就会有害于身心。

食之道：大充，伤而形不臧；大摄，骨枯而血不沍。

【注释】出自先秦《管子·内业》。道，方法、规律。大充，吃得过饱。臧（zāng），善、好。大摄，指过分节食。沍（hù），寒冷、闭塞。

【译文/点评】饮食之道：吃得过饱，会伤害身体，而且形体不好；吃得过少，会骨枯而血气不通畅。此言饮食以适量为好。这一理念与现代医学的营养学理论相通，有其科学性。

死生之穴，乃在分毫。

【注释】出自宋·李擞等编《太平广记》卷八十三《治针道士》。之，的。穴，穴位。乃，就。

【译文/点评】决定人生死的穴位就在分毫之间。此言意在劝医生在为人针灸时务必小心谨慎。

太平之世多长寿人。

【注释】出自汉·王充《论衡·气寿篇》。

【译文/点评】此言生活安定是健康长寿的一个重要条件。

外疾之害轻于秋毫，人知避之；内疾之害重于太山而莫之避。

【注释】出自北齐·刘昼《刘子·防欲》。外疾，外部疾病。秋毫，本指鸟兽秋天长出的的细毛，此喻非常细微的事物。太山，即泰山，此喻重大之事。内疾，身体内部的疾病或隐疾（如纵情声色会伤身之类）。

【译文/点评】外部的疾病哪怕是非常细小，人们都知道防避；而对于身体有极大伤害的隐疾，却没有人知道防避。此言防避内疾重于外疾的道理。

晚年惟好静，万事不关心。

【注释】出自唐·王维《酬张少府》。

【译文/点评】此二句虽是诗人在政治上不得意时消极面对人生之语，但从养生的角度来看，未尝没有道理。静，就能心如止水，不焦不躁，自然不会动肝火；万事不关心，自然也就无所求。无所求，何来烦恼？有此境界，怎会不长寿？今人如能从此角度解读此诗，倒是不无裨益。

巫咸虽善祝，不能自祓也；秦医虽善除，不能自弹也。

【注释】出自先秦《韩非子·说林下》引谚语。咸，相传是古代一个有名的神巫。虽，虽然。祝，祈祷。祓（fú），古代为了除灾求福而举行的一种迷信活动。也，句末语气助词。秦医，此指战国时代的秦国名医生扁鹊，即秦越人。除，除病、治病。自弹，此指为自己治病。

【译文/点评】神巫咸虽然善于为人祝祷求福，却不能为自己除灾；扁鹊虽然善于治病，却不能为自己诊治。此言巫、医救得了别人却救不了自己。现实生活中我们常常教育别人不应该如何如何，自己却做不到，也与这种情况相似。

逍遥以针劳，谈笑以药倦。

【注释】出自南朝梁·刘勰《文心雕龙·养气》。针劳，消除疲劳。药倦，医治困倦。

【译文/点评】逍遥自得以消除疲劳，谈笑风生以解除困倦。此言放松心情与闲言谈笑对解除疲乏的养生作用。

邪气袭内，正色乃衰。

【注释】出自先秦《管子·形势》。邪气，指不健康的气体。中医讲“气”。内，指体内。正色，正常的气色。乃，就。

【译文/点评】邪气袭入体内，人的正常气色就会衰退。此是中医望气察色诊病的经验总结。

性静情逸，心动神疲。

【注释】出自南朝梁·周兴嗣《千字文》。

【译文/点评】性爱安静，情绪就安逸平和；思虑太多，精神就会疲惫。此言宁静安逸、清心寡欲有助于养生。

养身莫善于习动。

【注释】出自清·颜元《颜李遗书·颜习斋先生言行录》。习动，经常运动、活动。

【译文/点评】此言运动是最好的健身方法，与现代人所说的“健康在于运动”同义。

养生治性，行义求志。

【注释】出自宋·苏轼《灵壁张氏园亭记》。养生，养护身心。治性，陶冶情性。行义，实践道义。求志，追求理想。

【译文/点评】此言养生与治情、行义与求志之间的关系。

养寿之士，先病服药；养世之君，先乱任贤。

【注释】出自汉·王符《潜夫论·思贤》。养寿，养生。先病，先于病、在病发之前。养世，治国。先乱，先于乱、在乱起之前。

【译文/点评】重视养生的人，在未病时先吃药预防；善于治国的君王，在国家未乱时就先起任贤能之士治理国家。此以养生与治国并举，说明养生要重视防病于未发。这与现代医学“防病重于治病”的理念是一致的。

药酒，病之利也；正言，治之利也。

【注释】出自汉·桓宽《盐铁论·能言》。“……，……也”，古汉语判断句形式之一，相当于“……是……”。正言，忠言、正直之言，真话。治，此指治国。

【译文/点评】药酒对治病有利，正言对治国有利。此以药酒与正言并举，说明药酒对治病的益处，就如正言对治国一样。

药虽进于医手，方多传于古人。

【注释】出自宋·苏轼《乞校正陆贽奏议进御札子》。

【译文/点评】药物虽然经医生的手而开出，但治病的药方则是传自于古人。此言好的药方是历代传承积累而下的，非一人所能成。

药医不死病，死病无药医。

【注释】出自清·张南庄《何典》第三回。

【译文/点评】药物只能医治不会死的病，必死的绝症是无药可救的。此言药物作用的有限性。

医能治一病谓之巧，能治百病谓之良。

【注释】出自汉·王充《论衡·别通》。一病，代指少数病症。百病，代指多数病症。

【译文/点评】医生只能治少数几种病，这叫作巧医；能治多种病症的才叫作良医。此言医生有巧良之别，医术有高下之分。

盈缩之期，不但在天；养怡之福，可得永年。

【注释】出自汉·曹操《步出夏门行》。盈，满。缩，亏。盈缩，指进退、升降、成败、祸福等。盈缩之期，此指寿命的长短。怡，愉快。养怡，指修炼平淡冲和之气，不为利欲伤神。永年，长寿。

【译文/点评】此言人的寿命长短不完全决定于上天的意志，只要修身养性适当，也是可以达到健康长寿目标的。

愚医类能杀人，而不服药者未必死。

【注释】出自宋·苏辙《宇文融》。类，大抵、大致。

【译文/点评】愚医治病无异于杀人，而不吃药则未必会死。此言愚医的危害性远胜过不吃药。

欲平其心以养其疾，于琴亦将有所得焉。

【注释】出自宋·欧阳修《送杨寘序》。欲，想。疾，病。亦，也。有所得，有所助益。焉，句末语气助词。

【译文/点评】想平心静气地养病，那么弹琴会对治病有所助益。此言音乐能够陶冶情操，有益养生。

杖起弱者，药治人病。

【注释】出自晋·陈寿《三国志·魏书·周宣传》。杖，拐杖。起，支撑。

【译文/点评】拐杖的作用在于帮助支撑老弱的人，药物的作用在于能治人病。此言拐杖与药物对人的不同作用。

治身者以积精为宝，治国者以积贤为道。

【注释】出自汉·董仲舒《春秋繁露·通国身》。治身，调养身体。精，精气，古人认为精气是元气中精微细致的部分，是生命的根源。道，途径、方法。

【译文/点评】养生的人以积聚人体内的精气为宝，治国的人以积聚贤才为根本途径。此以治国与治身相对举，说明养生之道应当重视精气的积聚。